RD Congo - l'Africain de l'année :
L'ART DE PILLER PROPRE

Photo de couverture : © Thierry MICHEL

Nestor **KISENGA**

RD Congo - l'Africain de l'année :
L'ART DE PILLER PROPRE

Édition 2018-2023

CongoLobbying

Version papier
ISBN : 979-10-95878-02-5

Congolobbying
71/100, Rue Joseph Lefèvre   B-6030 Charleroi – Belgique

Contact: eventrerleboa@gmail.com

Versions numériques
ISBN 979-10-95878-00-1   Epub
ISBN 979-10-95878-01-8   Mobi

On a la foi en Dieu, en un rédempteur des hommes ?

son premier critère serait
de faire en sorte que la faim cesse dans le monde ?
de résoudre les problèmes sociaux ?
(Pourrait-on) désigner de rédempteur (un homme)*
qui promet ce que Dieu lui-même n'a jamais pu réaliser ?
(Non ! car) il y a une divinisation fallacieuse du pouvoir
et du bien-être, de garantir tout, à tous,
en vertu du pouvoir et de l'économie.
Une telle divinisation vient de Satan...

Joseph Ratzinger (Pape Benoît XVI)
Jésus de Nazareth, Flammarion, 2007

* MKa serait un tel « homme », autoproclamé jusqu'à la caricature.

INTRODUCTION

L'Afrique est la nouvelle frontière ; son retard permet de stimuler aussi bien le continent que tous les autres pays avides de ses matières premières et de lui revendre des biens et des services. C'est tout l'intérêt des actes et du destin de certains individus de la République Démocratique du Congo.

Ce pays fascine par ses démesures : une étendue territoriale équivalente à l'Union européenne, des richesses naturelles surabondantes, mais une extrême pauvreté des populations, lacérées par la guerre civile et ses séquelles et classées au dernier rang sur la liste des Indices du Développement Humain.

Ce récit commence avec François de Labarre de Paris Match qui a copier-collé la biographie suivante:

Fils d'un Grec juif de Rhodes ayant fui la Shoah en 1940 et d'une femme originaire d'une famille princière du Katanga, (le Congolais) Moïse (Katumbi) a fait de l'entreprise familiale de pêcherie industrielle et de transports de minerais l'une des plus prospères du pays. Dix ans après avoir créé son équipe de foot en 1997, Katumbi se lance dans la politique et se fait élire en (2007) gouverneur du Katanga. Son parcours rappelle celui de Berlusconi à ses débuts : entrepreneur, président d'un club de foot, homme politique. Catholique pratiquant, père de trois enfants, il va à la messe surtout avant les matches importants.

De son nom, Moïse Soriano Katumbi (ici identifié MKa), a été 8 ans gouverneur de la province minière du Katanga, patron d'une équipe championne de football, un sport populaire qui draine vers lui les passions et les ferveurs aussi bien des masses que des élites, harponnées par des médias, jusqu'à des hommes de religion qui le glorifient.

MKa a la chance d'avoir été porté par un réveil soudain et une très forte hausse des cours des métaux qui ont généré une classe de nouveaux riches, des complicités et un trafic d'influence rémunérateur avec les opérateurs miniers : la corruption, et la fraude, s'il faut les nommer.

On l'accable d' accusations grossières. Nonobstant la présomption d' innocence, on peut s'interroger : en est-il capable ?

En octobre 2015, l'évêque de Kilwa Kasenga, Monseigneur Fulgence Muteba dit à la radio locale de l'ONU qui déploie au Congo son plus fort contingent de Casques bleus :

« MKa ne s'est pas enrichi grâce à son poste de gouverneur du Katanga. Je pense que c'est complètement farfelu. La famille Katumbi est une famille riche depuis toujours. La politique n'est pas un lieu d'enrichissement pour cette famille »…

En novembre 2015, le groupe français Necotrans a annoncé l'acquisition de Mining Company Katanga (MCK), « la plus importante et la plus visible de l'empire économique de MKa dans le transport, l'immobilier et l'agriculture. » Selon Necotrans, MCK avait été fondée par MKa en 1997. C'est faux!

En décembre 2015, les lecteurs de Jeune Afrique ont plébiscité MKa comme « l'Africain de l'année » 2015. Mais ce résultat a été arraché par des votes massifs émis par l'intéressé, à partir du site de son club de football.

Le même mois, sur la radio BBC, MKa a défié quiconque de prouver que sa fortune avait été mal acquise. On m'a appelé pour me demander de publier ce que j'en savais. On m'a dit :

« Quel culot ! Quelle arrogance ! Selon les normes internationales actuelles applicables au blanchiment de l'argent, l'argent n'est propre que pour les sommes nettes d'impôts. Or MKa n'a jamais montré sa feuille d'impôts. Etc. »

Sans me vanter, j'avais enquêté et diffusé en 2007, la saga de la société MCK et les indélicatesses dans l'acquisition d'un jackpot minier. MKa ni personne n'avaient démenti. Bien au contraire, MKa et tous les autres ont repris mon chiffre de « 61 millions ». Mes textes d'époque sont publiés à la fin de ce livre. Ils avaient le même titre : « l'art de piller propre ».

Ce livre n'est ni un « fake news », ni même un scoop, car tout avait été exposé publiquement en 2007, sans être démenti.

Depuis, MKa, ses affaires et ses ambitions ont pris des extensions et des dimensions incontrôlables. On s'y perd à coup sûr. Je n'en donne ni le bilan ni les perspectives. Mon seul sujet est l'entreprise MCK, *« la plus importante et la plus visible de l'empire économique de Moïse Katumbi »,* selon Necotrans.

Mais pourquoi cet exercice et pourquoi cette cible ? Pourquoi ,
in tempore non suspecto, en 2016 ? Pour comprendre, jusque
2023 ?

Notre époque a horreur de la désinformation, d'autant que l'information n'est pas un simple droit : il assure le respect de tous
les autres. On dispose actuellement de moyens de mieux con-
naître et de vérifier. Les affabulateurs et menteurs profession-
nels sont des ennemis de notre temps. On doit débusquer les
bâtisseurs de légendes, les démagogues et les criminels.
Cette exigence n'enlève rien au charme imaginaire des contes
qui sont, en réalité, porteurs d'informations.

Une légende d'Amérique latine parle d'un feu de brousse qui
consumait un village. Après avoir fui, les villageois effrayés se
mirent à regarder le désastre les bras croisés.
Ils aperçurent un tout petit oiseau voler vers la rivière et en
revenir pour déverser avec son petit bec des gouttelettes d'eau
sur le grand feu.
Les villageois se moquèrent de lui : « petit naïf ! Crois-tu que tu
vas éteindre l'incendie » ?
Le petit oiseau répondit : « Je sais, mais je fais ma part ! » Et il
poursuivit ses va-et-vient.

Actuellement, de par le monde, en Afrique et au Congo, les
problèmes incessants et imbriqués poussent naturellement au
désespoir. Ils paralysent l'analyse et l'action.
De prétendus sages diraient : « croyez-vous résoudre les problèmes de ce monde ? De ce pays ? »
Ce récit leur répond : « Non, je sais ! mais comme le petit oiseau de l'incendie, je fais ma part ! »
La connaissance de la vérité et des documents sur un individu
emblématique, ses méthodes, ses pulsions, et ses opérations cachées est un récit public. Et pas seulement les Congolais et les
Africains, et pas uniquement à propos de l'individu MKa.
Chacun, désormais, et s'il le veut, pourra aller au-delà.

Nestor Kisenga

Affiches des deux films de Thierry Michel sur MKa,
le second équilibrant le premier. (tous droits réservés)

TABLE DES MATIÈRES

DERRIÈRE LA COUPE DE FOOTBALL

Cette enquête commence le 8 novembre 2015, à la vue du terrain où le club de football TP Mazembe, dont MKa est président devient champion de la ligue africaine..

En regardant bien les images du stade où se déroulait la rencontre, on pouvait voir les 22 joueurs évoluer sur une pelouse synthétique striée de lignes blanches classiques.
Mais on apercevait aussi des lignes jaunes transversales qui découpaient le terrain principal en trois mini-terrains de foot.
Ces lignes non réglementaires avaient certainement dérangé l'équipe adverse de visiteurs et auraient dû, logiquement, disqualifier le terrain et l'équipe hôte TP Mazembe.
Je me suis demandé d'où venaient ces chevauchements de lignes blanches et jaunes.

Curieusement, la pelouse de TP Mazembe a quatre terrains de foot.
Photo capture d'écran TV.

La pelouse synthétique du stade TP Mazembe était convertible et pouvait accueillir des joueurs adultes évoluant dans les rectangles blancs et, transversalement, trois groupes de juniors évoluant dans les périmètres jaunes.

La FIFA (fédération internationale de football association) avait lancé le projet Goal « en Afrique avec l'Afrique » pour équiper des stades, dans une cinquantaine de pays africains, avec une pelouse synthétique. Le Stade des Martyrs à Kinshasa et le Stade Kenya à Lubumbashi ont bénéficié de ce don.

On me dit : « le projet Goal vise aussi les écoles de football. MKa a lancé Katumbi Football Académie, une pépinière de jeunes joueurs. Il a manœuvré pour obtenir du financement de la FIFA. La fédération internationale a fait don d'une pelouse synthétique qui a la particularité d'avoir 4 aires de jeux : un terrain aux dimensions normales et bien délimitées avec des lignes blanches, mais aussi, perpendiculairement, trois terrains de mini-football pour les juniors avec des rectangles jaunes ».

Lorsque j'ai été sur place, on m'a dit que les grilles du stade n'avaient jamais été ouvertes pour que les jeunes du quartier ou des écoles utilisent les trois terrains. On me dit : *« Ceci aurait été fort utile dans une commune qui n'a pas de terrains de football ».* J'ai vu des jeunes de Kamalondo taper la balle sur le bitume des rues qui mènent au stade privé de TP Mazembe.

Un habitant du quartier hoche la tête et me dit *« MKa a délocalisé la pelouse FIFA pour la planter dans son stade. C'est ce qu'on appelle un vol, un détournement. C'est tellement vrai que MKa n'ose pas effacer les lignes jaunes, car il continue à tromper la FIFA ».*

Ce premier vol en rajouterait aux scandales de la FIFA.

À l'époque du sacre de TP Mazembe, la planète football était secouée par les accusations de corruption au sommet de la fédération internationale avec Sepp Blatter et Michel Platini, suspendus pour plusieurs années…

« Il y a des histoires cachées derrière la construction de ce stade », me raconte un homme d'affaires. *« MKa a fait payer à de nombreuses entreprises une sorte de taxe les obligeant à participer au financement sous prétexte de donation ou de publicité. Le montant le plus important (je parle d'une somme en dollars à 7 chiffres) a été payé pour l'achat d'une pelouse synthétique, pour lequel l'aire de jeu aurait porté en permanence le*

logo publicitaire de ce sponsor. Mais c'est une autre pelouse qui a été installée. Ensuite, d'autres entreprises ont été obligées à financer des loges dans les tribunes. Toutes ces sociétés étaient conscientes d'avoir été volées, mais elles ne pouvaient rien dire ».

Je note que le détournement du financement de la pelouse et le prix des loges dans les tribunes constitueraient, dans le langage populaire, un second et un troisième vols.

J'ai découvert un autre scandale, un quatrième *« vol »*, selon un ancien de la cité de Kamalondo :

« L'équipe T.P. Mazembe est une association de notre paroisse et, plus tard de notre quartier. Elle avait été créée en 1939 par les missionnaires, en même temps que le stade. Lorsque l'équipe gagna deux fois la coupe d'Afrique avec des joueurs amateurs, Mobutu acheta aux missionnaires bénédictins le stade Mwanke, auparavant Stade Léopold II et l'offrit comme récompense à l'équipe. Ce fut ainsi le tout premier stade privé, appartenant à une équipe. Mais c'était une propriété de l'association. Ainsi, le stade était un bien collectif ; son emplacement et son étendue constituaient un patrimoine immobilier de valeur. Mais un jour, MKa transforma l'équipe en une société commerciale dont il est pratiquement le seul actionnaire et il s'empara des actifs de l'équipe (le nom prestigieux du club et ses logos, son historique et le stade). Bref, MKa a pris des valeurs collectives et ce qu'on appelle « fonds de commerce », sans payer. Il a volé la collectivité… »

J'ai aussi rencontré un juriste qui me dit : *« Face à l'anonymat des communautés pauvres et mal informées de leurs droits, les gens fortunés s'emparent de leurs terres collectives pour y implanter des immeubles, des fermes, des usines ou des mines. Mais depuis l'époque coloniale, il existe des procédures d'enquête et la reconnaissance de droit à l'indemnisation. C'est toute l'anomalie avec MKa. Il a raflé en pleine ville et devant des cadres éduqués, ce qui n'est même pas permis dans la forêt. L'option de faire de l'équipe une entreprise commerciale n'a rien à voir avec l'association qui était propriétaire du terrain sur lequel on érigerait un stade. Il était possible de considérer que l'association apportait le terrain à la société en échange de parts de capital ou qu'elle le loue à la société dans un bail emphytéotique de mise en valeur avec acquisition par l'association, de la propriété, des constructions après 25 ans d'exploitation. Par un autre côté, les statuts des associations civiles et sportives prévoient la destination du patrimoine, en cas de dissolution et cela revient habituellement à d'autres associations ayant le même but ; mais jamais à un seul individu ni à un promoteur immobilier. Comme quoi MKa ne pouvait pas exproprier notre association… »*

Le maillot de l'équipe de football TP MAZEMBE affiche "MCK", alors que cette société n'est pas pérationnelle. Son site décrit plutôt "MCK TRUCKS ». Ce n'est pas la même chose …

Image de saisie d'écran

À ce propos, je note que la deuxième équipe du championnat de football congolais est l'AS Vita club de Kinshasa. Son président est un général au passé rebelle sulfureux, mais encore actif dans l'armée. Il s'est enrichi, selon des dénonciations de la BBC, des ONG et des Nations Unies, avec des « minerais de sang », qui entretiennent l'insécurité dans l'Est du Congo.

Un député me dit : *« c'est vraiment dommage. Les deux équipes phares du pays sont aux mains de personnages qui se sont enrichis avec de l'argent douteux, pour ne pas dire sale. Ils mobilisent des bataillons de fanatiques et capitalisent l'impunité et l'enrichissement avec la ferveur des foules… »*

LES RÉVÉLATIONS D'UNE PROPAGANDE

Le site internet de TP Mazembe trace la biographie de son président actuel Moïse Katumbi, sans citer ses prédécesseurs depuis 1939. *« Il est l'Alpha et l'Omega »* ; me dit-on.

Moïse KATUMBI, l'homme par qui le succès arrive

Il avait seize ans et quelques mois lorsqu'il escortait ses amis, les joueurs de CORBEAUX, à leurs matches. Au fond de lui-même, Moise KATUMBI se disait qu'il se serait bien aligné à leurs côtés, sur le terrain. Il aurait bien voulu être un grand footballeur et, ma foi, il se débrouillait plutôt pas mal lorsqu'il jouait des matches avec les copains de la cité ou quand il s'entraînait avec les cadets des Corbeaux. Gamin, il était content de ramasser les balles de Mazembe après les entraînements, mais également après les matches, occasions pour lui de saluer et de parler avec les joueurs vedettes. Signe du destin : une fracture de la jambe brisa les rêves de l'adolescent qui accompagnait déjà Mazembe dans ses sorties, dans l'ombre du président, son grand frère Raphaël.

Le jeune homme qui règle tout…

Mais revenons au club de Corbeaux. Lorsqu'il s'agissait de payer le transport des joueurs, le président disparaissait, le vice-président demeurait introuvable et les joueurs n'avaient plus que l'ami Moïse en face d'eux pour sauver la situation.

« Tu nous donnes à manger, tu nous paies le transport, le local c'est toi aussi, allez on a assez perdu de temps, prends la présidence ! » dirent-ils au bout de deux ans à celui qui réglait tous les problèmes. *« D'accord, mais j'accepte un poste de vice-président pour ne pas aller trop vite en besogne »* répondit l'intéressé, quelque peu effrayé par le poids de la charge qui lui tombait sur les épaules.

Ce que Moïse ignorait alors, c'est que le destin allait frapper une seconde fois. Deux mois après, en effet, le président, fonctionnaire de son état, était muté à Kinshasa et laissait la chaise vide. On devine facilement la suite… En moins de quatre mois, de mars à mai 1983, Moïse KATUMBI accédait à sa première présidence dans un club qu'il dirigera durant sept ans, le hissant en 1re division dès sa première saison.

Champion avec ses amis de Corbeaux.

Promue au niveau des ténors, l'équipe des Corbeaux tient tête aux meilleurs et décroche même la couronne de champion provincial en 1991.

Cette même année, Mazembe connaît des difficultés en voyant une majorité de joueurs Kasaïens partir vers Kinshasa, l'Afrique du Sud.

Voire en Corée ou en Chine. Le grand frère Raphaël n'est plus là et pour se « remplumer » Mazembe fusionne avec les Corbeaux.

Moïse KATUMBI est nommé membre du comité de ce nouveau club, mais il n'est pas présent aux réunions. **Exilé en Zambie,** il continue pourtant à suivre l'actualité sportive lushoise avec intérêt. Et ce qu'il apprend lui crève le cœur : le football katangais décline lentement, les stades sont désertés. À Lubumbashi, un derby Mazembe-Lupopo n'attire plus qu'un petit millier de spectateurs. En 1995, il assiste à un match Mazembe — Lubumbashi Sports pour lequel 300 personnes à peine se sont déplacées à la Kenya. C'est l'ère du bricolage pour un club en plein marasme qui ne dispute plus la Coupe d'Afrique.

Le coup fumant de Papa KAMBA.

Lors des élections qui ont lieu en 1997 pour former le Comité Sportif de Mazembe, Célestin KAMBA prépare, seul, un putsch dans l'ombre. Ancien milieu de terrain ou extérieur droit de Mazembe lorsque les Lushois disputèrent les quatre finales successives de la Coupe d'Afrique des Clubs Champions dans les années 60, il présente la candidature de Moise sans même lui en parler.

Il raconte : *« Je ne voyais que lui pour relancer le club. Je l'avais vu à l'œuvre quand il a fait monter les Corbeaux en Division 1. Je le connaissais bien et je savais qu'avec lui tout allait marcher. Les autres candidats ? Oui, il y avait le vice-président du moment, mais je lui ai dit qu'il fallait laisser la place à Moïse. On lui a donné une place de 1er vice-président. Et notre Moïse a été élu largement, car j'avais mobilisé du monde en douce… »*

Et le doyen papa Kamba, toujours présent au club aujourd'hui, de conclure : *« Bien sûr que non, je ne le regrette pas, au contraire. On a fait deux fois le doublé Coupe d'Afrique-Super Coupe. Donc je suis doublement content… »*

Élu président alors qu'il est exilé en terre zambienne, Moïse hérite d'un club qui repart de zéro et qu'il veut replacer en Coupe d'Afrique. Échec en 1998 et un an plus tard (99), Mazembe se fait piéger (5-0) sur le terrain en… tartan des Algériens de la JSK, une aire de jeu dure comme du béton qui verra même un joueur kabyle y perdre la vie peu de temps après.

Le président s'arme de courage, travaille sans relâche pour envoyer de l'argent au club et recruter des joueurs… par téléphone. Pour des raisons politiques, il lui est interdit de mettre les pieds au Katanga, les journalistes n'osent même pas prononcer son nom, mais il est champion du Congo et vainqueur de la Coupe nationale en 2000, Mazembe accède aux quarts de finale de la Coupe d'Afrique en 2001 puis aux demi-finales en 2002.

Le grand retour de 2003

En juillet 2003, Moïse peut enfin revenir au pays et s'attaquer à un énorme chantier. Il veut relancer tout le football katangais. Au stade de la Kenya où il est ovationné, il affirme à la population qu'il n'a jamais trahi ni la province ni le pays. « Frères et sœurs, je vais me battre pour vous et vous ramener une coupe à Lubumbashi… », lance-t-il dans une émouvante promesse qui le conduit au bord des larmes. Il demande simplement un peu de patience.

Etc.

Le site officiel de l'équipe de football, championne du Congo et d'Afrique, TP Mazembe donne des indications intéressantes sur son président.

MKa était « exilé en Zambie » depuis 1991. En 1997, il avait été élu président du club de football ; « alors qu'il est toujours exilé en terre zambienne ».

Il travaillait pour le club « par téléphone ».

Il rentre au pays en juillet 2003.

Ainsi, l'entreprise MCK n'a pas pu être créée en 1997, puisque MKa était, à ce moment-là, en exil en Zambie.

Question : pourquoi MKa s'attribue une ancienneté de 18 années dans les affaires en RDC, selon le communiqué de 2015 de Necotrans ?

Est-ce un lapsus ou un « art » d'affabuler et de rechercher de la gloriole ? On sait que les commerçants mentent facilement, mais MKa est-il un menteur d'occasion, ou invétéré ?

Où commence la vérité ?

MILLIONNAIRE, OU CONTREMAÎTRE ?

L'année 1997 avait été marquée par le changement du nom du pays de Zaïre en République Démocratique du Congo, avec le renversement de Mobutu Sese Seko par des troupes qui avaient porté Laurent Désiré Kabila.

En 1991, le dictateur Mobutu avait entamé une descente aux enfers en perdant le contrôle du pays. Il y eut des pillages au mois de septembre à Kinshasa. Le feu destructeur s'était répandu dans le pays, en octobre, pour reprendre en 1993 et s'installer durablement dans les mœurs. Un observateur remarque que « *depuis ces évènements, les Congolais semblent avoir perdu le sens de la propriété privée, encore moins de la propriété collective. Tout ce qui traîne peut être ramassé. Chaque incident ou soubresaut se termine par un pillage destructeur. Il suffit qu'un véhicule soit accidenté pour qu'il soit désossé. C'est ainsi qu'on a assisté à l'appropriation des biens et infrastructures des entreprises publiques et de l'État, puis des richesses naturelles qui n'ont pas de gardien en chair et en os* ».

La vague des pillages avait ravagé la ville katangaise de Lubumbashi en octobre 1991. Les étrangers furent évacués par des troupes belges. Plusieurs commerçants partirent se réfugier en Zambie proche ; certains sont morts sur la route.

Alors que Kinshasa se délite, Lusaka réalise pacifiquement un transfert de pouvoirs au lendemain de la première élection présidentielle « démocratique ». Le nouveau chef de l'État est Frederick Chiluba, qui remporte 125 des 150 sièges au parlement, en écrasant Kenneth Kaunda qui avait gouverné pendant 27 ans, avec son parti l'UNIP.

Les migrants du Zaïre sont accueillis comme investisseurs ; ils obtiennent des visas de séjour. C'est l'époque où les gens redécouvraient des nationalités oubliées. Par exemple, des Zaïrois s'étaient réfugiés à l'ambassade de Belgique de Kinshasa et réclamaient d'être évacués sur Bruxelles en exhibant toutes sortes de papiers prouvant qu'ils avaient droit à la nationalité belge et à être évacués par les vols sur Bruxelles.

« Outré par ces bousculades, l'artiste comédien Dieudonné Kabongo, en vacances à Kinshasa, avait aussitôt décidé de ne pas accepter la naturalisation belge alors qu'il y avait droit. Il vivra en Belgique dans la dignité et il y mourra tout aussi dignement : sur la scène… » m'a-t-on confié.

C'est l'époque où les bruits couraient que Chiluba était originaire du Zaïre/Congo. Mais il y avait aussi des Zaïrois originaires de la Zambie qui avaient fui les pillages. Parmi eux, Soriano Raphaël Katebe Katoto ; il transféra son entreprise de poissonnerie en Zambie. Il prit dans ses bagages, ses frères Salomon et MKa à qui il assurait un emploi. Jusque-là, MKa était le frangin complaisant, employé comme contremaître, livreur et conducteur de camions de son frère qui le logeait dans la parcelle du garage, avenue Mahenge, à Lubumbashi.

Actuellement, MKa masque la biographie de Katebe Katoto, son bienfaiteur. Il déclare au Soft en février 2007 :

Je suis dans les affaires depuis l'âge de 17 ans. J'ai été formé par mon grand frère pour qui je travaillais à l'époque. Puis, j'ai décidé de voler de mes propres ailes. J'ai commencé petit à petit, ici au Katanga, vers 1988. Après mon départ en exil, toutes mes affaires ont été saisies et mises en vente publique. À mon retour, j'ai repris à zéro. Mais j'ai tout oublié. Ceux qui m'ont fait ça ont certainement voulu empêcher un Katangais d'évoluer.

MKa raconte aussi dans les documentaires réalisés par le Belge Thierry Michel qu'il avait gagné son premier million de dollars à 17 ans. Autrement dit, en 1981. Mais dix ans plus tard, le prétendu millionnaire précoce était sans emploi et sans logis ! La journaliste belge Colette Braeckman raconte sur son blog de mars 2009 « Moïse Katumbi, un Ovni en politique » : *« les plus anciens se souviennent encore de ce jeune métis, noirci par la vie au grand air, qui venait vendre à la Gécamines des chargements de poissons pêchés dans le lac Moero »*.

S'il travaillait, c'était chez son frère et pour le compte de Raphaël, le millionnaire… On me dit : *« Si MKa avait gagné à 17 ans ce premier million, il aurait pu posséder à 27 ans, et compte tenu des prix immobiliers de 1991, une cinquantaine de villas avec piscine… »*

UN HUITIÈME VOL ?

Mais au lieu de cela, MKa quitte Lubumbashi, en 1991, sans une seule parcelle de terre lui appartenant. Lorsqu'il rentrera de la Zambie en 2003, et faute d'habitation, il s'installera dans les murs de Raphaël Katebe Katoto. Il y logera toujours quand il deviendra gouverneur de province en 2007 ; même en 2015 lorsqu'il vend MCK à Necotrans. Ainsi, l'enrichissement de MKa a débuté à son retour, en 2003…

Lui-même l'avoue avec arrogance. Il avait déjà affirmé qu'ils avaient tout perdu en RDC. Ensuite, après 11 années d'exil et d'affairisme en Zambie, ils y avaient été poursuivis pour malversations, et tous leurs biens furent saisis. En 2010, lors de la restitution d'une partie des biens par la Zambie, on lui demanda la valeur de ce qu'il avait récupéré. MKa déclara au Journal Times of Zambia que *« ce que je possède en Zambie est moins de 1 % de ce que ma « famille » possède en RDC »*. Ainsi, la RDC lui aurait rapporté 99 % de sa fortune !

La ville de Lubumbashi porte le nom de l'unique rivière qui la baigne. On a donc créé un lac artificiel de loisirs avec une berge de 50 mètres, interdite à la construction et réservée aux populations pour s'y promener, jouer, pique-niquer. Le terrain alentour était destiné à des équipements récréatifs. Le lieu est un patrimoine collectif et unique.

La berge publique du lac artificiel appropriée par MKa. *Image Google Earth 2015.*

En 2006, les Indiens d'une société minière avaient obtenu, par clientélisme électoral, toute la rive droite du lac artificiel. Chose que MKa dénonce lorsqu'il s'autoproclame gouverneur de la province. Un agent du Cadastre témoigne qu'*« aussitôt que les Indiens sont délogés, c'est MKa qui nous a ordonné de transférer abusivement le terrain au « domaine privé » de l'État pour obtenir des titres pour lui. C'était un vol. On serait étonné par le bas niveau des vils prix que MKa et ses amis ont payé à l'État, dans le quartier le plus prisé de Lubumbashi. »* Je note qu'il s'agirait d'un cinquième vol.

Un autre insiste : *« MKa a commis un autre vol »*. Je compte : ce serait le sixième ! *« Il s'est approprié la berge du lac qui est une zone destinée à l'accès du public, sur une profondeur de 50 mètres. Même en Europe, les bords de la mer sont libres d'accès, n'est-ce pas ? Il y a implanté des magasins et des restaurants de luxe qui ont les pieds dans le lac. Il a créé une « plage » privée et sans accès pour le public »*. Un conducteur de taxi qui me pilote sur le boulevard qui contourne le lac, en le surplombant, soupire : *« c'est toute la ville qui est privée de la vue du lac, au profit des seuls locataires des appartements de luxe de Moïse. C'est du vol »*. Je compte là un septième vol. *« Pour faire diversion, le complexe de La Plage est une société qui masque le véritable propriétaire que tout le monde connaît à Lubumbashi. C'est d'ailleurs sa sœur qui gère et décide tout »*, selon le taximan.

La berge publique du lac de Lubumbashi est empiétée par la Plage avec une vue imprenable pour les seuls appartements mis en location par MKa. *Photo de l'auteur.*

C'est là que MKa a distribué des parcelles à ses amis en affaires pour y ériger des villas. J'ai vu une maison construite exclusivement par des maçons européens. *« Le gouverneur a aussi laissé voler le travail des Congolais »*, soupire le chauffeur.

Des maçons blancs pour la villa de MKa au bord du lac. *Photo de l'auteur*

Non loin de là, l'Hôtel Karavia avait été rénové pour devenir Pullman Lubumbashi Grand Karavia.

On me dit : *« Très curieusement, toutes les œuvres d'art prestigieuses qui décoraient ce palace, dont des sculptures et fresques des célèbres Frères Chenge avaient pris une destination inconnue. Est-ce la même pyramide en malachite qui trônait dans le hall du Karavia qui se trouve dans le living de MKa ? »*

Et mon informateur de plaisanter : *« une pyramide mal acquise… elle est malachite ! »*

Est-ce là un huitième vol ?

Mka, chez lui…

MKa avec une pyramide « malachite »: mal acquise !
(*photo Thierry Michel*)

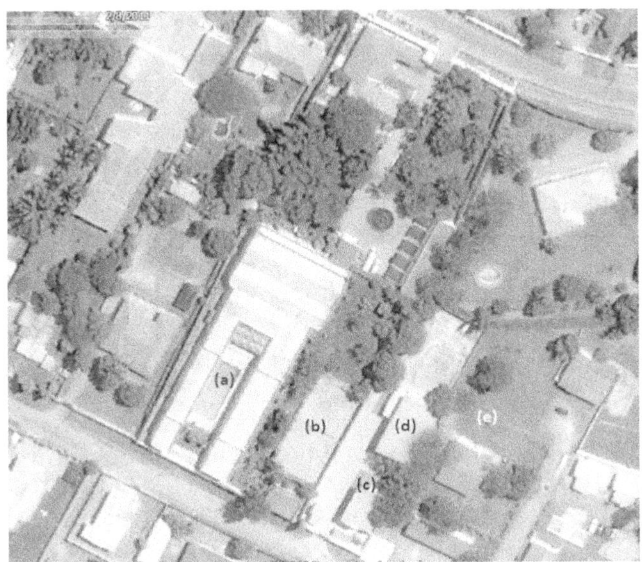

(a)   Palais résidentiel avec piscine centrale, (b) tennis (c) café restaurant
(d) fitness, massage (e) guest-house (*images Google Map*)

LE PÈRE

« Comme s'il n'avait pas de dignité personnelle, MKa construit des trônes pour ses parents, en particulier sur Wikipedia » m'a confié une connaissance de la famille.

« Il souligne que son père est blanc, mais juif et victime des Nazis. Sa mère noire serait princesse, mais qu'on dit zambienne. Son ancêtre serait M'siri, un occupant d'origine tanzanienne ; il s'autoproclame prince congolais. Il a des groupes folkloriques qui récitent des louanges en son honneur, des foules qui l'acclament pour qu'il règne « milele na milele » (éternellement). Il se prend sérieusement pour un dieu, jusqu'à déclarer un jour : « les Katangais ont la chance biblique d'avoir un "Joseph" (Kabila) à la tête du pays et un "Moïse" à la tête de la province ».

MKa fait publier que son père, Nissim Soriano, faisait partie des Juifs séfarades italo-grecs installés sur l'île de Rhodes et qui avaient fui le régime de Mussolini entre les deux guerres mondiales.

En fait, la province minière du Katanga avait accueilli des Juifs italiens rhodiotes, dès 1905, soit bien avant la Première Guerre mondiale et l'ère de Mussolini. Et même, certains juifs rhodiotes du Congo avaient été des nationalistes italiens, sous Mussolini. Moïse Rahmani écrit dans *Shalom Bwana*, Romillat, 2002, que *« l'attachement de la communauté juive (au Congo) à l'Italie s'était même étendu au régime fasciste de Mussolini »*.

Les premiers juifs arrivés de Rhodes avaient fait venir leurs parents pour exercer le commerce au Katanga. Le premier des Soriano fut Abner, né en 1905 ; il fut le parrain de tous les autres Soriano qu'il dissémina dans le commerce.

Soriano Abner et Abraham (1906) devinrent belges, mais les autres Soriano étaient restés italiens, dont Moïse (1906) et Léon (1920).

Nissim, italien, fut de la génération suivante. Sa sœur se maria dans la bonne société juive et donna une lignée de Juifs encore active dans le commerce et la banque au Katanga.

Malheureusement, Nissim Soriano n'avait pas particulièrement brillé dans les annales coloniales, ni même israélites. Il fut incontestablement un humble commerçant, plutôt de la catégorie basse. Pour preuve, il n'avait pas eu les moyens financiers de faire éduquer ses enfants dans les « bonnes écoles pour Européens ». Raphaël et Moïse Soriano avaient fréquenté les écoles gratuites « pour Africains ».

Cela ne diminue pas les qualités du père. Beaucoup se souviennent qu'il habitait Kasenga, d'où il amenait une fille avec lui passer les week-ends à Lubumbashi. *« Nissim Soriano a l'incontestable mérite d'avoir donné son nom, la filiation et sa nationalité italienne à ses enfants métis »*, me dit-on.

Interviewé par le journal Le Soft du 20 février 2007, MKa parle pompeusement de son père :

Mon père était dans les affaires. Il faisait la pêche sur la rivière Luapula et le lac Mwero. Il était le premier à introduire le poisson frais à Lubumbashi. Avant cela, il faisait du poisson fumé. Il était à la tête d'une fabrique de glace qui lui permettait d'amener du poisson frais à Lubumbashi. Déjà, à cette époque, mon père faisait de la pêche industrielle.

« C'est faux », selon un descendant de poissonniers. *« Nissim Soriano n'a jamais eu l'envergure de grand commerçant ou de grand poissonnier industriel. Ce n'est pas du tout lui qui avait introduit à Lubumbashi le poisson frais de la rivière Luapula et du lac Moëro ».*

Georges Antippas explique dans *Pionniers méconnus du Congo Belge*, 2007, que la pêcherie industrielle au Luapula-Moëro avait été lancée par des Grecs venus du Dodécanèse et qui exploitèrent des flottilles et une fabrique de glace. Les prises fraîches étaient acheminées à Lubumbashi dans des bacs de glace conservés dans de la sciure ou du charbon de bois.

« La vérité est que le rhodiote Nissim Soriano était originaire du même Dodécanèse que les pionniers et industriels grecs du poisson », m'a-t-on précisé.

Lorsqu'il parle de MKa, le journaliste français Marc Nexon lui trouve des « yeux verts et un nez d'aigle ». Lui-même cultive ces caractéristiques raciales. On me dit : *« Quoiqu'il se dît catholique, il affiche son ascendance juive en prénommant ses enfants Nissim, Moses, Ishmael, Lael… »* Ceux qui parlent de sa soif maladive pour faire de l'argent disent : *« n'est-ce pas qu'il est juif ?» »*

On me dit aussi : *« c'est cette quête d'identité qui aurait justifié que Nissim Soriano ait été enterré en Israël du côté de Haïfa. Une machination de ses enfants noirs pour prendre du galon. Nissim n'avait pas les moyens, il aurait pu être enterré dans le cimetière juif de Lubumbashi ».*

Selon les règles hébraïques, il faut être de mère juive pour que l'enfant le devienne. MKa n'a pas de mère juive ! Mais il existe une possibilité dont parle Moïse Rahmani dans son livre. Selon l'auteur, une « loi du retour », après l'Holocauste, permet à des descendants de Juifs de devenir Israéliens. De prendre la nationalité, mais pas la religion.

Rahmani a rencontré Léon Kengo Wa Dondo, métis, fils de juif polonais et d'une mère congolaise. Mais Kengo lui a dit qu'il avait refusé de devenir Israélien. MKa ne s'est jamais prononcé aussi clairement. On me dit :

« Est-il devenu Israélien ? Il y a certainement pensé ! »

Raphaël Katebe Soriano semble avoir choisi une autre possibilité d'acquérir une nationalité étrangère. La Belgique offre la nationalité aux enfants des étrangers, nés sous la Colonisation. Des gens comme le Néo-Zélandais George Arthur Forrest ont bénéficié de cette option, jusqu'à se montrer, parfois, plus belges que les Belges. Raphaël est né en 1944, sous la colonisation. MKa serait exclu de cette option, parce qu'il est né en 1964… Mais la Belgique ne lui est pas éloignée : son épouse zambienne Betti avait servi de paravent auprès de la banque belge KBC ; son épouse actuelle, Carine Nahayo est de nationalité belge…

Raphaël Katebe Soriano est installé à Bruges, en Belgique.

LE FRÈRE

Dans *Nachituti's Gift : Economy, Society, and Environment in Central Africa,* Univ of Wisconsin Press, 2005, David M. Gordon indique que Nissim Soriano avait épousé la sœur du chef coutumier zambien de la tribu lunda, nommé Mwata Kazembe XIV Chinyanta Nankula, établi sur la berge zambienne du Luapula-Moero. Nissim avait eu trois épouses, de la branche Katebe, Mwape et Katumbi. Laquelle était zambienne selon Gordon ? Cette parenté zambienne pose des questions et des problèmes. Tout est clair du côté du père italien : les enfants Soriano avaient bel et bien la nationalité italienne. Mais l'accès aux nationalités congolaise ou zambienne mérite clarification, me dit un juriste.

« Hommes d'affaires, les Soriano se sont mis à jongler avec leurs ascendances familiales. À leur naissance, ils étaient italiens, sur le territoire congolais, mais avec des mères qui pouvaient être congolaises ou zambiennes. Ensuite, ils ont grandi et vécu au Congo comme des étrangers. Mais lorsqu'ils ont opté pour une nationalité africaine en prenant les noms de Katebe, Mwape ou Katumbi, leur citoyenneté dépendait non pas du sol congolais où ils avaient grandi, mais de la nationalité de leurs mères respectives qui ont pu être des Congolaises ou des Zambiennes… La caractéristique de la filiation traditionnelle au Congo est qu'elle est unilinéaire : on est de la parentèle du père ou de la mère ; mais pas des deux. Mais il arrive que des enfants soient éligibles à deux parentèles ou inéligibles dans les deux. C'est le cas de plus en plus fréquent de mariages entre personnes de tribus différentes avec des régimes familiaux opposés (matriarcat ou patriarcat). Mais la coutume africaine est pleine de compromis ; elle permet d'attribuer finalement une filiation unique».

Nissim Soriano mit à profit le teint foncé de ses enfants pour empêcher la confiscation de ses affaires lorsque Mobutu avait « zaïrianisé » les commerces des étrangers en 1974 pour les remettre aux nationaux. C'est à ce moment que ses enfants métis changèrent leurs noms de Soriano en Katebe, Mwape et Katumbi, selon vraisemblablement, les noms de leurs mères respectives.

C'est ainsi que Raphaël Katebe ex-Soriano hérita l'affaire de son père. Jusque-là, il avait été un simple instituteur qui arrondissait ses fins de mois avec le commerce de poisson du Luapula-Moero. Soudain, à cause de la zairianisation, les grands exploitants étrangers avaient disparu ; il se créa un vide que Raphaël Katebe mit à profit pour monter et développer considérablement une entreprise de pêcherie. Il aménagea un village de pêcheurs à Mulonde et, très rapidement, il prit le contrôle des pêcheries de la rive congolaise. Il parvint à avoir 3 grands bateaux, 72 petits, une flottille de camions, des chambres froides et 500 travailleurs qui assemblaient les poissons destinés aux marchés de Lubumbashi. En haute saison, le campement de Mulonde récoltait 5 à 7 tonnes de poissons frais par jour. La société minière Gécamines lui donna un coup de pouce providentiel avec des commandes permanentes pour les familles de ses 30.000 travailleurs. Katebe exerçait une poigne de fer. Il remettait des filets à crédit, mais remboursés en poissons. Katebe était intraitable avec ses fournisseurs en retard ou endettés. Beaucoup se ruinèrent. C'est cette brutalité en affaires qui poussera au suicide le grec Kostoglou Dimitri. Cet agent de change devait faire fructifier un fonds de Katebe ; il fut escroqué par des Libanais qui avaient fui lors des pillages de Kinshasa en 1993 ; mais Katebe va l'assiéger pour lui exiger de lui restituer néanmoins, ce qui l'a poussé au désespoir et à la mort.

Mais lui-même se prenait pour le roi du monde.
David M. Gordon raconte dans son livre que, un jour, Katebe demanda une audience auprès de Mobutu Sese Seko. Il fut reçu au palais de Gbadolité. Là, Raphaël lui demanda de lui vendre le lac Moëro ! Après avoir évalué le profit qu'il aurait pu tirer lui-même de cette transaction inimaginable et la légalité de l'opération, Mobutu aurait dit à Katebe :
« Je regrette ; j'ai le pouvoir de vendre des diamants, mais je n'ai pas le droit de vous vendre le lac Moëro. En réalité, ce lac appartient à Dieu… Allez le lui demander vous-même… »

DÉMAGOGIE SUBVERSIVE

Lorsque les Soriano émigrent en Zambie, en 1991, l'entreprise familiale de poissonnerie qui florissait côté zaïrois, change de berge. Ils poursuivent la même exploitation des mêmes poissons, mais dans les eaux zambiennes du Luapula-Moëro. L'entreprise Katebe se nomme alors Chani Fisheries.

Mais un premier drame frappe la famille. Le frère Salomon meurt de mort violente. Moïse répétera les tragédies ; il remettra au fils de Salomon un cadeau empoisonné : une voiture puissante qui l'accidentera. Plus tard, son jet crashera.

En Zambie, Raphaël prend de plus en plus de risques. Chani Fisheries devient Tamba Bashila. Il achète le lodge Nkamba dans la réserve de chasse Nsumbu, à la pointe sud du lac Tanganyika, près de Kasaba Bay. *« Un excellent observatoire pour le mouvement des troupes rwandaises qui menaçaient le Katanga. Ceci vaudra à Katebe d'être porté vice-président du mouvement rebelle prorwandais »*, précise un agent territorial.

Cela avait été confirmé par Ghislaine Dupont sur RFI :

Selon nos informations Katebe Katoto serait actuellement installé tout au sud du lac Tanganika, à Kasaba Bay, juste en dessous de la ville de Moliro qui marque la frontière entre le Congo et la Zambie. Les hommes en armes vivent sur un ancien site touristique zambien transformé en camp militaire … toujours selon nos informations, de l'armement arrive par bateau et par avion. Alors Katebe et son frère Moïse préparent-ils une rébellion ? Ou, sont-ils instrumentalisés ?

Auparavant, Katebe avait poursuivi des affaires juteuses au Zaïre, notamment dans le trafic et le change au noir des devises. Un matin, son négociant grec Kostoglou Dimitri se suicide dans la maison de Raphaël et en sa présence. Des années plus tard, le dossier sera déterré et Katebe sera condamné à la peine capitale pour l'assassinat du Grec.

Ce fut l'affaire de trop. Katebe s'effaça ; il ne pouvait plus rester à la tête de l'équipe de football TP Mazembe (TPM). MKa prétend faussement que son frère aurait dirigé TPM pendant 21 ans. C'est ce qui expliquerait la nomination inattendue de MKa en 1997… Un jeu de chaises dans la famille.

Indésirables au Congo, les Soriano se rappellent que la Zambie est la route obligée des exportations de cuivre et de cobalt du Katanga. Ils se souviennent aussi de leurs fournitures de poissons à la Gécamines. La société leur devait encore de l'argent. Ils obtiennent d'un tribunal zambien la saisie de convois de cobalt de la Gécamines. La société est asphyxiée. Le PDG Yumba Monga et son directeur financier Kabongo paient un million de dollars américains pour tenter de libérer le convoi.

Le 22 octobre 2001, Kinshasa se fâche et met les deux dirigeants de la Gécamines aux arrêts. Selon la presse :

Cette initiative du PDG a.i. Yumba a été mal accueillie en haut lieu d'autant que le propriétaire de l'Établissement, M. Katebe Katoto, est soupçonné par le pouvoir de soutenir la rébellion (Nb RCD Goma d'allégeance rwandaise). Celui-ci n'a pas, par ailleurs, caché ses ambitions de briguer la présidence de la transition en RDC. En outre, Katebe le candidat président de la République aurait donné un point de presse à Addis Abeba au cours duquel il avait affirmé ses ambitions.

Aussitôt, les agents de la Gécamines se mettent en colère et font un sit-in devant le palais de justice de Lubumbashi pour réclamer et obtenir la libération des deux dirigeants de la société. Kinshasa cède et dépêche une délégation à Lusaka. La saisie des camions de cobalt est levée.
Mais Katebe ne désarme pas.

En décembre 2001, les Soriano engagent, au Katanga, des actions « humanitaires », pour se créer une clientèle politique. Le journal Demain le Congo s'en fait l'écho en ces termes :

MM. Edo Kasongo et Kibwe Jean Baptiste ont été arrêtés à Lubumbashi et acheminés jusqu'à Kinshasa. De Bruxelles, Raphaël Soriano proteste contre l'arrestation de ceux qui seraient des agents de « la fondation Katebe Katoto ».

Selon Golden Misabiko *« ces deux-là (Edo et Kibwe) sont allés dans des confessions religieuses où ils auraient donné quelques dons d'argent ; ils ont promis de donner de la farine de maïs… alors, ces choses n'ont pas plu aux responsables du pays. Ils seront arrêtés et accusés d'être de connivence avec un homme politique qui agit au nom de la fondation Katebe Katoto ».*

Pendant ce temps, il y a des marches organisées à Lubumbashi par les travailleurs de la "Gécamines", qu'ils renomment péjorativement "Générale des Calamités de la Misère". D'où vient ce coup ? La réponse est peut-être dans les cris des manifestants. *« Nous voulons que M. Katebe Katoto rentre au pays, il est riche et il ne pourra pas piller les richesses nationales ».*

Ainsi fut planté, depuis 2001, un décor d'affairisme politique. Katebe et Katumbi sont interchangeables. Pour la saisie en Zambie, le créancier congolais, Ets Katebe, était devenu la société zambienne Chani Fisheries, puis Tamba Bashila, au nom de MKa.

Les deux frères excellent en « pains et jeux », pour être populaires : distribution de farine, manipulation de supporters et de sympathisants de la même équipe TP Mazembe. Dès lors, ils trouvent des gens qui s'opposent à tout questionnement sur l'origine de leur argent et qui répètent naïvement qu'ils *« sont déjà riches ; ils ne vont pas piller s'ils arrivent au pouvoir… »*

Un juriste me dit que *« depuis 2002, les agents publics doivent déclarer leur patrimoine à la prise et à la sortie des fonctions. On ne peut plus juger les gens avec des présomptions : qu'ils montrent leurs déclarations de patrimoines et qu'on compare ce qu'ils avaient au début et ce qu'ils ont eu à la fin. »*

Mais on entend aussi des gens dire qu'*« ils sont riches depuis longtemps ; leur argent vient de l'extérieur ».*

Le juriste me confirme qu'*« il n'y a plus de mouvements internationaux de fonds de la main à la main ou par valises : tous les transferts sont encadrés par la loi 04/016 du 19 juillet 2004 sur la lutte contre le blanchiment des capitaux et le financement du terrorisme. L'argent rapatrié en masse et hors banque est désormais de l'argent sale ».*

DES ZAMBIENS

Les Historiens disent que les frontières africaines avaient été fixées arbitrairement par les puissances coloniales. Et ils citent comme exemple caractéristique la frontière RDC-Zambie du Bangucolo-Luapula Moëro, le terroir des enfants Soriano.

Des deux côtés de la rivière et du lac, s'égrènent les mêmes tribus, notamment, les Balala, les Baunga, les Baushi, les Bangoma, les Bakunda, les Bashila, tous des *bembaïsés,* car parlant la langue des Babemba, installés en Zambie. Ni le cours d'eau, ni la colonisation belge sur la rive gauche, ni la colonisation britannique sur la rive droite n'ont séparé les populations qui migrent de part et d'autre. Ils sont tous des cousins et passent, sans complexes, d'un pays à l'autre selon les saisons ou lorsqu'ils y sont forcés par des turbulences politiques.

Au Congo, cet éventail de tribus est regroupé dans l'association socio-culturelle SEMPYA qui proclame ceci sur Internet :

Nous ne sommes pas un mouvement politique ni religieux. Nous sommes contre la guerre, le tribalisme, la corruption, le favoritisme, le népotisme. Notre vision est de promouvoir notre culture, éduquer nos enfants, protéger nos femmes et les émanciper, développer notre district, province et le Congo entier en général…

« En réalité, SEMPYA est un relais politique de l'ethnie bemba, créée par Augustin Katumba Mwanke et financée par MKa » me dit-on.

J'étais de passage, à Lubumbashi, plusieurs mois avant la campagne pour les élections présidentielles de 2011. Le siège de SEMPYA affichait une banderole très partisane :

« Nous votons à 100 % Joseph Kabila».

Il fut un temps où l'empire lunda qui recouvre le sud-ouest du Congo, l'Angola et la Zambie atteignait le Luapula-Moëro. Il y avait une raison à cela : une voie commerciale reliait l'Atlantique à l'océan Indien. La localité de Kilwa, à la pointe sud du lac Moëro, était un centre de transit et d'échanges de marchandises et d'esclaves. Il y avait un fortin arabe. Par malédiction, rien ne pousse sur l'ancienne route des esclaves.

Les Lundas de Kazembe arrivent au 19e siècle et dominent les populations locales ; ils accueillent d'autres nouveaux arrivés, des commerçants arabes, des arabisés et les Yeke venus de Nyamwezi (l'actuelle province de Tabora, en Tanzanie). Dans le Luapula-Moëro, les tribus et villages se chevauchent en un brassage tel que tous parlent la même langue kibemba et fraternisent comme des « bembaïsés » aux lignages matrilinéaires où les mères transmettent l'appartenance au clan.

Nés sur le territoire congolais, Katebe et MKa parlent aussi kibemba, et cette langue est un laissez-passer pour prétendre à la résidence des deux côtés du cours d'eau. Bien que cette identité culturelle avec la Zambie n'est pas celle des nationalités, prendre la double nationalité était un pas franchissable.

En février 2007, le journal Le Soft a interrogé MKa :

Question : Vous avez fait l'exil. Racontez-nous cet épisode de votre vie ?

Réponse de MKa : J'ai fait l'exil en Afrique du Sud… Quand après la guerre, le pays s'est lancé dans le processus de paix, mon frère s'est déclaré candidat à la Présidence de la République. À l'époque, sous le règne du défunt Laurent-Désiré Kabila, la politique n'était pas comme aujourd'hui. La démocratie n'existait pas. Il y a eu des ministres très méchants qui nous ont contraints à l'exil. Ils ne voulaient pas que des frères Katangais travaillent dans leur province ou regagnent celle-ci. Ils en paient le prix aujourd'hui : ils n'ont pas été élus. La population n'oublie pas. Heureusement, le Président Joseph Kabila m'a demandé de revenir.

Cette déclaration est inexacte. La véritable terre d'exil a été la Zambie de 1991 à 2002. Puis MKa dut s'exiler à nouveau à la suite de poursuites zambiennes pour malversations. Il se retrouva en Afrique du Sud, mais pour une année seulement.

Question : Comment vivez-vous le débat sur la nationalité ?
Réponse de MKa : Nous devons nous interdire de pénétrer dans ce débat sur la nationalité qui déchire la Côte d'Ivoire, ce pays jadis prospère. Il ne faut surtout pas rentrer dans ce schéma. La Côte d'Ivoire a été détruite par le concept de l'ivoirité. Chez nous, heureusement, le président de l'Assemblée nationale a résolu la question.

Les gens qui ne sont pas en ordre doivent faire tout pour régler leur statut. Beaucoup de nos compatriotes qui ont séjourné à l'étranger ont eu recours à une autre nationalité pour accéder à certaines facilités. D'autres, pour diverses raisons, qui ne pouvaient avoir un passeport national, ont utilisé un passeport d'un autre pays. Tout cela est passager. Tournons-nous vers l'avenir et voyons ce que nous pouvons faire pour notre pays et pour sa population.

Q/ : Vous sentez-vous personnellement concerné par ce débat ?
R/ : À un moment, comme je l'ai dit plus haut, il m'a été tout refusé, dans mon pays, du fait des ministres. Même le passeport. Dans le cas d'espèce, comment pensez-vous qu'on ait pu se déplacer, vivant à l'étranger ?

On me dit : *« en fait, MKa reconnaît sa double nationalité zambienne. Il avoue ainsi qu'il avait fraudé la loi de la nationalité congolaise qui est « une et indivisible ». Il avait aussi fraudé la loi électorale qui réserve les fonctions électives aux seuls Congolais ayant cette unique nationalité ».*

Mais une formalité ministérielle permet de recouvrer la nationalité congolaise. Cependant, MKa ne dit pas s'il avait jamais eu l'intention de renoncer aux nationalités étrangères, en double ou en triple. Dans mes recherches, je n'ai pas trouvé un arrêté ministériel qui aurait redonné à MKa la nationalité congolaise dont il a été déchu « automatiquement ».

Le journal zambien Le Post avait interviewé Katumbi. Celui-ci déclara textuellement qu'il était Zambien, côté maternel. Il dit que le chef zambien de la tribu lunda Mwata Kazembe était son oncle parce que sa mère était la sœur du Mwata…

Interrogé, Mwata Kazembe confirme avec force : *« Katumbi est mon neveu et personne ne peut le changer ; qu'on aime ou qu'on n'aime pas cela ; j'ai une relation de sang avec Katumbi. Il est mon neveu ».*
Un juriste me dit : *« Cette déclaration de Kazembe a une valeur juridique. Ce sont des matriarcat ; l'oncle, apparenté à la mère, donne l'appartenance au clan et, partant, à la nationalité. On ne discute plus ! »*

C'est ainsi que, même devenu gouverneur de province congolaise, MKa traversait chaque année la frontière pour participer à la cérémonie de Umutomboko des Zambiens lundas de la province du Luapula à Mwansabombwe.

Le chef zambien lunda Mwata Kazembe dansant lors du Umutomboko de 2009 où s'était déplacé MKa — capture d'écran de Lusaka Times.

En 2009, MKa y croisa le président zambien Rupiah Banda qui avait, deux années plus tôt, demandé son extradition pour malversations.

En 2012, MKa ne vint pas : on l'avait été traité de voleur…

En 2018, la déchéance de nationalité de MKa sera évoquée. On me dira : *« Un amalgame de chefs coutumiers congolais, mêlant des tribus dominantes et dominées : Kashobwe II, Kisamamba, Kaponda, André Kapalu, Kabamba et Sapwe voleront à son secours en déclarant: « Nous avons vu naître un fils de notre ethnie, du nom de Katumbi Chapwe Moise qui a grandi dans notre tradition et qui a produit de nombreuses œuvres pour notre jeunesse et pour nos générations futures. Nous l'avons vu prospérer et assumer de hautes responsabilités. Il a été président national de notre association socio-culturelle SEMPIA ». Ces propos seront moins solennels que ceux du Mwata Kazembe zambien. L'appartenance à une ethnie transfrontalière ne prouve pas la nationalité, mais uniquement la parenté matriarcale ».*

L'ITALIEN

L'idée que l'on se fait des « métis » est qu'ils seraient des enfants naturels de mères congolaises. De ce fait, ce sont des Congolais de naissance, par leur mère. Cela s'appelle la nationalité « d'origine ». Au mieux, ils étaient reconnus par leurs pères blancs dans les actes de naissance de la population noire/africaine. Par la suite, la reconnaissance comme enfant naturel d'un Européen donnait droit à sa nationalité étrangère. Tout autre est le cas des enfants de Nissim Soriano, un blanc de nationalité italienne, avec une ou plusieurs épouses africaines. Les Katebe, Mwape et Katumbi étaient nés italiens. Leurs naissances avaient été déclarées dans les registres de la population blanche/européenne au Congo belge. La Belgique a les copies des registres établis jusqu'en 1963…

Un professeur de droit m'a précisé que *« MKa et ses frères n'ont pas eu besoin d'être reconnus. Ils n'ont jamais été des Congolais de naissance. MKa est un italien de naissance avec le nom étranger de Soriano. Il a pu devenir congolais par sa mère, mais sans cumul depuis sa majorité d'âge. Parce que côté congolais, la nationalité est unique et exclusive ».*

À Lubumbashi, j'avais fouillé les registres de naissance de la population étrangère, de la période de naissance de MKa le 28 décembre 1964. Ces registres avaient disparu !

Un observateur m'avait fait remarquer qu'*« il importe à MKa de faire la lumière sur ses nationalités. Il n'y a pas de honte à cela, sauf si son silence sert des desseins obscurs. Par exemple, il a voyagé dernièrement du Congo, via la Zambie, pour l'Italie. S'il a utilisé un passeport congolais, en plus du visa de cet espace européen, il aura été tamponné. Mais après l'Italie, il s'est retrouvé à Londres. La Grande-Bretagne exige aux Congolais un visa particulier à ce pays. Qu'il montre le visa et les tampons britanniques. S'il ne les a pas, c'est qu'il utilise un passeport italien, et il triche. C'est aussi simple que cela… »*

J'ai, par la suite, tenté d'établir un contact avec le consul honoraire d'Italie, à Lubumbashi, parce qu'il devait avoir la liste de ses compatriotes. Je lui ai dit que je m'intéressais aux métis qui avaient la nationalité italienne, à l'exemple de ceux qui sont devenus des Grecs, dans la communauté hellénique, voisine de la parcelle de la Casa Degli Italiani. Mais le consul d'Italie avait cessé de répondre à mes e-mails.

J'ai aussi interrogé un constitutionnaliste. Voici ses réponses.

MKa est italien de naissance, par son père blanc. Il avait droit à la nationalité congolaise, par sa mère, pour autant qu'il soit confirmé qu'elle était bien congolaise, et non zambienne. En choisissant d'être congolais, MKa avait renoncé à sa nationalité étrangère.

Par la suite, dès l'instant où il avait récupéré ou obtenu une nationalité étrangère, zambienne ou italienne, il était automatiquement déchu de la nationalité congolaise. Parce que celle-ci est unique. La détention d'une identité ou d'un passeport étrangers suffit pour provoquer et prouver la déchéance de nationalité. Mais cette perte de nationalité est réversible ; on peut redevenir congolais par déclaration au ministère de la Justice.

Beaucoup de Congolais ont la double nationalité. C'est un non-sens, parce qu'ils ne peuvent pas cumuler. Mais dans la pratique, la double nationalité n'est pas un réel problème. Les personnes concernées sont libres de choisir. Être étranger, quoique Congolais d'origine, ne diminue en rien la jouissance des droits. On peut séjourner dans le pays, moyennant visas et surtout, dans le cas de MKa, on peut faire des affaires et prospérer comme les Damseaux ou les Rawji.

Le véritable problème se pose chaque fois que la loi exige la nationalité congolaise. C'est le cas de certaines fonctions : juge, député, sénateur, ou président de la République. Les personnes déchues, mais qui le désirent, peuvent toujours redevenir des Congolais en accomplissant la formalité ministérielle. C'est simple et clair ; il n'y a ni cumul ni d'ambiguïté.

Les doubles nationaux qui ont eu des fonctions publiques en période de déchéance ont commis des infractions ; ils s'exposent à des poursuites et à des condamnations judiciaires ». C'est le cas de MKa.

En 2018, il sera établi que MKa avait détenu un passeport italien jusqu'en 2017, époque où il demandera de renoncer à la nationalité de la péninsule pour se mettre en règle sa candidature annoncée à l'élection présidentielle congolaise. Sa naturalisation italienne avait eu lieu en 2000, au moment des malversations en Zambie. Ceci expliquant cela, il avait maquillé son nom de naissance SORIANO en d'AGNANO.

DOUBLE, TRIPLE TRIBUS

À ce stade de mon investigation, MKa a au moins trois nationalités : italienne, congolaise et zambienne. Voilà qu'en plus des tribus bemba congolaise et lunda zambienne, il affirmait aussi des origines bayeke et même princières.

Il serait descendant du conquérant et occupant M'siri, venu de la Tanzanie pour exploiter l'axe commercial qui transitait par Kilwa, sur le sud du lac Moëro, vers de l'océan indien.

Il déclare :

Je suis prince, pas seulement à Kashobwe mais partout. Les gens ne connaissent pas l'histoire. Notre roi, c'est le Mwami Munongo. Je suis un des petits-fils du roi M'Siri. Au fait, ma grand-mère c'est la petite-fille aînée du roi M'Siri Kalasa-mukandabantu ; elle s'appelait Mwenda. Donc, je suis de cette famille. À Bunkeya, c'est chez nous, tout comme ici. Pour la petite histoire, mes grands-parents sont venus à Kashobwe pour chasser les Zambiens qui avaient pris le village. Et, comme à cette époque, le payement du service rendu se faisait en nature, comme mon arrière-grand-père, le roi M'Siri était stratège, il a préféré avoir un endroit meilleur pour lui où il pouvait rester.

Un historien de l'université de Lubumbashi précise :

« M'siri était venu de Tanzanie pour régner brièvement sur la région. Il n'avait pas lui-même de sang royal. C'est la colonie belge qui a assimilé aux Congolais les gens du Tabora. Comme M'siri dominait et regroupait déjà les populations locales, plutôt que de les affranchir, les Belges ont gardé l'emprise yeke pour des besoins administratifs. Les Yeke sont devenus une ethnie coiffée d'un descendant de M'siri ayant rang de chef coutumier avec, pour village, Bunkeya. C'était injuste envers les populations locales, car M'siri n'était pas un tendre. La tradition orale des populations bembaïsées rapporte la brutalité et l'extrême sauvagerie de M'siri. Pour preuve, les prénoms et les surnoms des dirigeants Yeke ont des significations cruelles et terrifiantes ».

Un sociologue de l'université de Lubumbashi s'étonne : *« c'est abusif de parler de famille royale ou de rang de prince. On se réfère aux dynasties européennes que l'on voit dans les films. Ici, on est chef coutumier pour ses mérites personnels ; le trône est attribué par les notables qui élisent à chaque fois le chef. La famille du chef n'a pas de statut social qu'elle hériterait et qu'elle transmettrait de génération en génération. Il n'y a pas de sang royal… Les princes n'existent pas »*.

Mais MKa fait écrire qu'on avait donné à son père Juif blanc une femme noire de sang royal. *« Autrement dit, il affirme que sa mère a été abusée ? Ou victime d'un mariage forcé ? »*, s'étonne le sociologue. Au journal Le Soft, MKa dit :

Ma mère est du Haut-Katanga. Elle est de l'ethnie Bemba. Nous sommes parentés au Roi M'siri. Ma mère est sa petite fille. Vous pouvez demander au Mwami Munongo. Nous appartenons à la famille royale.

MKa endossant pagne et coiffe de sa 3e tribu Yeke. Capture d'écran TV.

J'ai confié cette déclaration à un historien du campus de Lubumbashi. Je lui rappelle que le chef lunda zambien Mwata Kazembe dit que MKa est son neveu, enfant de sa sœur lunda zambienne. L'historien réagit :

« Bien entendu, les deux filiations ne collent pas ; la même personne ne peut pas être lunda Zambien et bemba Congolais. Pour ce qui est de M'siri, son mythe est tel que tous les Yeke affabulent et prétendent qu'ils sont, chacun de son côté, des descendants de M'siri… Cela n'est pas possible. Cette fable se poursuit. Ceci montre l'opportunisme de MKa qui exploite honteusement des filiations à M'siri. Celui-ci avait des agents qui prirent, tout naturellement, des épouses locales dont ils eurent des enfants. Les descendants de ces agents ne pourraient être du sang de M'siri… »

Un ethnologue m'a rappelé que la filiation est unique ; l'enfant appartient soit au clan du père soit à celui de la mère ; jamais aux deux.

« En déclarant que sa mère est de l'ethnie Bemba, MKa doit se soumettre au matriarcat où la filiation des enfants va exclusivement au clan maternel. Ainsi, MKa est uniquement un bemba. Mais pas yeke, à la fois. »

Je remarque que les Bemba l'ont porté à la tête de leur association SEMPYA dont les bayeke ne sont pas membres.

On m'a expliqué ceci :
« C'est l'argent qui fait ce mélange de genres. Les peuples bantous sont conciliants et savent adopter des membres au-delà des limites claniques. Mais on ne doit pas exagérer. À trop cumuler, on devient un caméléon qui change selon les conditions ambiantes. Cela, les gens l'ont en horreur! »

GROS ENNUIS EN ZAMBIE

De 1991 à 2002, Raphaël Katebe Soriano et ses frères étaient basés en Zambie. Lubumbashi est à une heure de route. Raphaël avait été président du club de football T.P. Mazembe, d'après MKa, pendant 21 ans. On me dit que c'est faux : « *cette période inclut le premier sacre africain de TP Mazembe qui avait comme présidents un professeur d'université congolais et un industriel belge* ».

L'équipe de la commune Kamalondo dispute la tête du championnat local à Saint Éloi Lupopo, basée de l'autre côté du chemin de fer qui partage la ville de Lubumbashi. Autrement dit, celui qui possède TP Mazembe a la ferveur de la moitié des Lushois. Par la suite, il suffit de gagner le championnat du pays pour avoir avec soi toute la ville, et quand on titille le championnat d'Afrique, on a tout le pays derrière soi.

Bref, comme avec la logique « du pain et des jeux de cirque », le foot est un excellent investissement de popularité, une bonne couverture, un bon levier pour des actions politiques.

Le président de Mazembe se fait acclamer « prezo » par les supporters. *« Ce qui crée une confusion et une anticipation avec un futur "président" du pays ou chef de l'État »*, me dit-on.

En 2001, les Soriano envoient de la Zambie, par la cité de Kasenga sur la Luapula, des dons en sacs de farine de maïs, nourriture de base au Katanga, au lieu du manioc dans l'ouest du Congo. Ils sont marqués « don de la fondation Katebe ».
On me raconte : *« il fallait oser ; Katebe était basé de l'autre côté de la rivière Luapula, en Zambie ; il était dans le directoire du RCD-Goma dont les troupes pro-rwandaises venaient d'investir la cité lacustre de Pweto à une centaine de kilomètres de là… »*

Cette confusion de genres ne semble pas plaire au pouvoir en place à Kinshasa. Il fait déterrer le dossier du suicide du grec Kostoglou Dimitri pour le maquiller en assassinat et fait juger et condamner Katebe à mort. Par contumace.

L'homme se débat à distance pendant des années ; il obtient un changement de ville pour être jugé, et les tribunaux de Mbuji-Mayi l'acquittent. Mais Kinshasa fait appel. Etc. On n'a jamais su comment cette saga a fini.

MKa est mêlé à cet affairisme politique. À cause de cela, il a été fustigé par la JUNAFEC de Gabriel Kyungu Wa Kumwanza, le 2 septembre 2006, sur le site Katanganews :

JUNAFEC/Katanga se souvient toujours que dans tes recherches effrénées du gain pour le gain, tu as amassé une fortune en faisant le trafic d'armes avec l'Unita lesquelles ont également servi pour tuer nos compatriotes lors de la guerre d'agression Ougando-Rwandaise ayant causé plus de quatre millions de morts. Aussi la JUNAFEC/Katanga ne peut pas oublier ta participation active au pillage de richesses minières à Kilwa plus précisément à Dikulushi ayant, pour conséquence politique, le refus de nos frères de Pweto de voter pour le Chef de l'État alors que ce dernier n'est pour rien dans ton entreprise mafieuse. La Jeunesse katangaise dénonce ta présence dans plus de trois sociétés minières de Kolwezi. Étant plongé jusqu'au cou dans l'entreprise de pillage des ressources minières du Katanga ; quelle leçon veux-tu donner à notre Leader politique (Gabriel Kyungu) ?

En Zambie, l'ami-président Chiluba avait quitté le pouvoir en décembre 2001, après deux mandats électifs de 5 ans. Le nouveau président Levy Mwananasa accuse alors Chiluba et Katebe Katoto de détournements, corruption et atteintes à la sécurité du pays. Ils auraient volé $ US 20,5 millions destinés à une commande d'équipements militaires et d'armements qui n'avaient jamais été livrés. Katebe est interdit d'entrée en Zambie.

Le 16 juillet 2002, le parlement zambien vote la levée de l'immunité de Chiluba. Pour les frères Soriano, Katebe et MKa, c'est la disgrâce et l'exil de la Zambie. Ils sont considérés comme des fugitifs.

Katebe se réfugie en Belgique ; MKa, en Afrique du Sud.

La Zambie porte plainte à Londres.

Le 4 mai 2007, le juge Peter Smith de la Haute Cour de Justice de Londres rend un jugement de 227 pages et 1140 paragraphes. Dans ce dossier Nr HC04C03129, la Zambie se plaignait de malversations de $US 46 millions. La justice britannique pouvait juger l'affaire à cause de l'implication de banques à Londres, en Suisse, en Belgique et aux USA.

Le juge Peter Smith indique que pendant ses deux mandats présidentiels, de 1991 à 2001, Chiluba avait eu un salaire officiel de $US 100.000, mais il avait acheté dans une seule boutique suisse des vêtements de marque pour $ US 1,2 million.

Le juge déclare aussi que la personne qui se fait appeler Katebe Katoto, ou Emmanuel Katto, ou Richard Soriano avait été un complice actif de Chiluba, est coupable d'un détournement de $ US 21 millions volés à la Zambie.

Mais, par jeu de rôles dans la famille, c'est Moïse Katumbi qui est au cœur des mécanismes de ce détournement. Le juge note que *« la Zambie avait transféré plus de $US 202.007 à un compte ouvert à la banque KBC à Bruges, en Belgique sous le nr 474-7401180-20 avec l'intitulé « B.K. » à savoir Betti Katumbi. Cette Betti était, à l'époque, la femme de MKa, et la belle-sœur de Katebe… »*

Je note que les prête-noms sont une marque de MKa.

Toutes les magouilles ont été opérées à partir de ce compte bancaire belge. Alors que les fonds devaient servir à Katebe pour l'achat d'armes destinées au gouvernement zambien, il les a utilisés pour d'autres paiements . À titre d'exemples :

Le 20 décembre 2000, il prend 700 000 $ US à son propre profit.
US 499 995 ont été prélevés avec la mention *« Katumbi Betti – KBC Bank »*.
Le 21 décembre 2000, c'est Moïse Katumbi qui a reçu 100.000 $ US.
Le 23 octobre 2000, Katebe a fait un paiement de 130.000 $ US avec la mention *« par ordre de Betti Katumbi »*
Le 19 mars 2001 100.000 $ US sont transférés pour l'achat du lodge de Nkamba Bay, mais fut crédité à *« Katumbi Betti – KBC Bank »*.

La Zambie avait engagé ses propres poursuites à Lusaka. Sans doute par manque de moyens d'investigations internationales et à cause de la santé médiocre de Chiluba et de sa femme qui donnait au procès des allures de persécution, les poursuites locales prennent fin en 2009.

Selon l'AFP du 17 août, la lecture du jugement a duré six heures…

L'ancien président zambien Frederick Chiluba, accusé d'avoir volé des dizaines de milliers d'euros durant ses dix ans à la tête de l'État, a finalement été relaxé par la justice à l'issue d'un procès-fleuve pour corruption et détournement de deniers publics. Inculpé une première fois en 2003 pour abus de pouvoir, puis en 2004 pour détournement, il encourait jusqu'à cinq ans de prison pour corruption et détournements de fonds publics d'un montant de 500 000 dollars.

Le juge dit : « nous estimons sans aucun doute que le ministère public n'a pas réussi à prouver que l'accusé a volé des fonds ».

Pourtant l'ex-président âgé de 66 ans n'a pas un casier judiciaire vierge. En 2007, il avait été reconnu coupable à Londres du détournement de 23 millions de livres (27 millions d'euros ou 38 millions de dollars) des caisses gouvernementales de son pays avec quatre de ses conseillers.

Ces derniers mois, plusieurs ex-responsables du gouvernement ou de l'armée sous la présidence de M. Chiluba ont également été condamnés à des peines de prison dans des affaires de corruption.

Katebe, lui, est resté condamné à Londres.

MKa a connu son propre sort. À l'exemple de Betti, son épouse qui avait servi de couverture bancaire, MKa avait mis son nom sur des activités de Katebe, ce qui l'avait placé au premier rang des poursuites sur le territoire zambien.

MKa sera obligé de racheter sa culpabilité, en 2007.

PAS DE MCK EN 1997

Selon la biographie officielle, « *en 1997, MKa crée la société* MCK *(Mining Company Katanga) qui récupère 80 % des activités d'exploitation du cuivre et du cobalt de la Gécamines* ».

La société Gécamines est une géante qui pourvoyait jusqu'à 40 % du budget du Congo et 60 % des ressources en devises. Après un pic de production de 450.000 tonnes de cuivre, l'entreprise a décliné très rapidement à partir de 1990.

En 1992, les "originaires" prennent la direction politique et économique de leurs provinces respectives. Au Katanga, le gouverneur Gabriel Kyungu Wa Kumwanza lance l'opération « Debout Katanga ». Il provoque une épuration ethnique qui le maintiendra, à vie, sous le coup de poursuites pour crimes contre l'humanité. Le rapport Mapping de l'ONU l'a rappelé en 2010 en pages 51 à 58, consacrées à Kyungu et à sa Juferi.

Kyungu prétend qu'« *au Kasaï, ils ont le diamant ; au Katanga, nous avons le cobalt !* » Aussitôt, les Katangais prennent d'assaut les installations et les remblais des minerais de la Gécamines ; il s'ensuit un trafic de « cobaltistes » qui font fortune sur le dos de l'entreprise. La société est désossée ; elle ne pourra plus se relever.

La production chute inexorablement :

1991 : 240 000 t de cuivre, 30 000 t de zinc, 9 800 t de cobalt ;
1994 : 32 412 t de cuivre, 2 515 t de zinc, 3 631 t de cobalt ;
2001 : 27 507 t de cuivre, 3 463 t de cobalt ;
2002 : 21 186 t de cuivre, 828 t de zinc, 1 780 t de cobalt ;
2003 : 16 172 t (dont 8 000 t de cuivre raffiné), 1 200 t de cobalt raffiné.

« *On ne voit pas d'où MCK aurait pu tirer 80 % de la production de la Gécamines* », commente un ingénieur de la société.

En 1997, Laurent Désiré Kabila renverse Mobutu et prend le contrôle des centres miniers de la Gécamines ; il s'ensuit une distribution de gisements à des opérateurs opportunistes. Les creuseurs miniers, exploitants artisanaux, font leur apparition.

Il est incontestable que ce pillage minier aura intéressé les frères Soriano. Mais ils sont en exil en Zambie où ils se livrent, entre autres, à l'exploitation d'émeraudes.

Les annales de la Gécamines ne connaissent ni MKa ni la fameuse MCK, une entreprise inexistante en 1997. La société apparaît en 2004 lors des négociations pour la mine de Kinsevere.

Pour pouvoir disposer de statuts et du registre d'une société commerciale congolaise, MKa s'accaparera des documents de MCK. Il entreprendra le trafic des minerais hétérogénites. Ces camions seront cités, en 2007, dans la saisie opérée dans le Copperbelt, par la Task Force anti-corruption zambienne.

Dans le Soft de février 2002, MKa passe aux aveux :

Je suis moi-même opérateur économique. Si je vous disais que je n'ai pas participé à ces pratiques d'un autre âge, je mentirais. Le système a été tel que les douaniers nous imposaient ces pratiques. Quand un opérateur économique paie la douane, la somme ne va pas intégralement dans les caisses de l'État. Nous devons tourner cette page…

MKa affichera sur ses véhicules « MCK : we are the best » :

« MCK : nous sommes les meilleurs ». Photo de l'auteur

2001 : CRÉATION DE MCK

C'est le 23 juin 2001 que la fameuse MCK (Mining Company Katanga) est créée. La société privée à responsabilité limitée (SPRL) est identifiée au numéro 8518 du registre de commerce de Lubumbashi. Son objet est l'exploitation minière, le transport, l'import. Son siège social se trouve sur l'avenue de l'Étoile, bâtiment Interfina, à Lubumbashi.

Les anomalies de MCK commencent dès sa naissance. *« C'est du n'importe quoi. L'avenue de l'Étoile n'existe plus depuis 1960. Elle a été baptisée tour à tour Tshombé, puis Mobutu, puis Kabila. Même la société Interfina avait disparu avec la zaïrianisation »*, commente le greffier du tribunal de commerce.

Les frères Soriano ne sont pas du tout dans l'affaire. Je le pense, parce que MCK n'apparaît pas dans la fameuse saisie qu'ils ont opérée en 2001 en Zambie sur le convoi de la Gécamines à cause des créances des Ets Katebe, cédées à Chani Fisheries, et qui avait causé l'incarcération des directeurs Yumba et Kabongo, et un soulèvement des employés.

SOCIETE ZAIROISE OU ETRANGERE A RESPONSABILITE LIMITEE

Immatriculation au Nouveau Registre du Commerce

te du dépôt de la demande au Greffe :

LE 25 JUIN 2001

Date du refus d'immatriculation :

Sceau du Greffe

Cadre réservé au Greffier

a Société :

mination : MINING COMPANY KATANGA SPRL (MCK).

| que défini par les statuts) (2) : LA SOCIETE A POUR OBJET : L'EXPLOITATION MINIERE, LE TRANSPORT, L'IMPC

2.000.000 FC

e représentant : Espèces de titres :

Valeur de chaque action :

représentent : 1.000 PS Valeur de chaque part : 2.000 FC

apital n'est pas entièrement libéré, il y a lieu de mentionner :

eurs d'actions ent libérées.	Domicile	Nombre d'actions ou de parts possédées par chacun.	

e social : A LUBUMBASHI, AVENUE DE L'ETOILE N° COMMUNE DE LUBUMBASHI.

cursales, agences ou sièges d'exploitation en République du Zaïre, en Belgique ou à l'étranger.

L'immatriculation de MCK au registre de commerce

. Indications relatives aux personnes chargées de l'administration de la Société et de celles disposant de la signature soci

Noms	Prénoms	Lieu et date de naissance	
LEO LEOPOLD	CHAMBERLAND	LE 17 JANVIER 1954	BELGE

Lieu : LUBUMBASHI

Date : LE 25 JUIN 2001

Le gérant de MCK est le Belge Léopold Chamberland

MINING COMPANY KATANGA (MCK)

Siège Social : BATIMENT INTERFINA – SUD, AVENUE DE L'ETOILE

TITRE I : ACTE CONSTITUTIF

Les soussignés :

1. KENNETH MACLEOD de nationalité anglaise, né en Angleterre, le 17 janvier 1963 résidant au n°.81, avenue Industrielle commune de Kampemba, ville de Lubumbashi.

2. LEOPOLD CHAMBERLAND de nationalité belge, né en Belgique, le 16 janvier 1954, résidant au n° 81, avenue industrielle, commune de Kampemba, ville de Lubumbashi.

ont déclaré dresser par le présent acte, les statuts d'une Société Privée à Responsabilité Limitée (SPRL) *MINING COMPANY KATANGA* qu'ils déclarent avoir arrêté entre eux comme suit :

Les fondateurs de MCK : Kenneth Macleod, Léopold Chamberland

ARTICLE CINQ : LE CAPITAL SOCIAL

Le capital social est fixé à Francs Congolais deux millions (2.000.000,00 Francs Congolais)
Il est représenté par 1000 parts sociales avec droit de vote, sans désignation de valeur nominale, chaque part sociale représentant 1/1000 de l'avoir social. Ces parts sociales sont entièrement souscrites et libérées pour totalité.

ARTICLE SIX : SOUSCRIPTION

Les comparants déclarent souscrire au capital social de la manière suivante :

1. KENNETH MACLEOD   : 500 parts

2. LEOPLOD CHAMBERLAND : 500 parts

   TOTAL   1000 parts sociales.

Les associés prénommés constatent et déclarent que le nombre des Associés est de ....; que le capital a été intégralement souscrit et libéré. La société dispose de 2.000.000 Francs Congolais.

Le capital est de 2.000.000 de francs congolais ($ US 3 750 d'époque)

LE RETOUR D'EXILS EN 2003

Même la biographie postée sur le site TP Mazembe indique que de 1991 à 2003, MKa n'était pas au Congo :

Son retour au pays un certain vendredi 11 juillet 2003 fut le résultat d'une âpre négociation menée par le pasteur Mulunda.

Je note que c'est le même Mulunda qui imposera MKa, en 2007, comme candidat unique pour l'élection au suffrage indirect du gouverneur de la province du Katanga.

Mais d'autres sources indiquent que c'est principalement Augustin Katumba Mwanke, dit AKM, homme d'influence à la présidence de la république et disciple autoproclamé de Machiavel (Nb dans son livre *Ma Vérité)* qui assure le retour de MKa. Les deux hommes ont des affinités et des complicités ; ils sont originaires du Luapula-Moero, parrains de l'association ethnique SEMPYA et liés en politique et en affaires.

Lorsqu'il débarque, MKa est virtuellement ruiné, car les biens et les affaires des Soriano sont saisis en Zambie pour malversations. Il doit tout reprendre à zéro. Mais grâce à AKM, il obtient des contrats de sous-traitance chez Anvil Mining.

Il a aussi en poche une cession de créances des Ets Katebe en faveur de leur société zambienne Chani Fisheries ainsi que le jugement zambien de 2001 qui avait fait saisir le convoi de minerais de la Gécamines. Il va vite. Arrivé le 11 juillet 2003, il arrache dès le 28 août 2003 un règlement amiable pour un autre montant de $ US 1 million pour clôturer tout litige des factures impayées aux Ets Katebe. Il est payé par troc : *« MKa fournit du maïs en grain qui est transformé en farine dans les minoteries de la Gécamines, mais sans jamais payer cet usinage ».*

J'avais croisé dans les bureaux de direction de la Gécamines un homme sans signes extérieurs d'éducation, déambulant avec des tongs aux pieds, sans chaussettes, et s'installant dans les chaises, les jambes écartées : c'était Moïse Katumbi, MKa !

APPROPRIATION DE MCK

Mais MKa a besoin d'une couverture légale ; il lui faut une société en règle. Il entre dans la société Twatotela Mining ou Twami Sprl présentée par Le Potentiel du 8 avril 2013 :

Une assemblée générale extraordinaire de Twatotela Mining s'était tenue le 24 septembre 2003. La deuxième résolution est libellée comme suit : « Les associés Moïse Katumbi Chapwe et Jean-Claude Muyambo cèdent respectivement leurs parts sociales à la société Zenyth Foundation et à Madame Makonga Lenge ».

L'Office notarial de la ville de Lubumbashi reconnaît avoir enregistré, le 1er novembre 2003, le procès-verbal de l'Assemblée générale extraordinaire de la société Twatotela mining. Ce PV indique que l'associé Moïse Katumbi Chapwe a été représenté par le bâtonnier Jean-Claude Muyambo. Ce dernier a signé ledit PV avec cette mention : « Monsieur Moïse Katumbi Chapwe, représenté par le bâtonnier Jean-Claude Muyambo ».

La 5e résolution intitulée «conseil de gérance» est libellée de la manière suivante : « Monsieur Mukasa Kalembwe Calixte est confirmé Gérant de la société Twami Sprl pour une durée indéterminée. Monsieur Kitangu Mazemba Ignace est admis au sein du Conseil de gérance en tant qu'administrateur de la société Twami Sprl. À l'intérieur de ses fonctions, Monsieur Kitangu Mazemba Ignace devra être cosignataire et, ensemble avec le gérant, ils devront engager la société dans toutes les opérations financières, bancaires et administratives de la société Twami sprl ».

Ces premiers contacts en affaires montrent que MKa n'était pas rentré d'exil avec de la fortune. Il essaie d'entrer dans des affaires qui existent déjà. Il s'appuie sur des partenaires qui ne clamaient pas qu'ils étaient riches.

Faute d'argent, il se replie sur la spéculation et les personnalités d'un Kitangu ancien PDG et d'un Mukasa, futur PDG et oncle de AKM.

Bientôt, MKa double Twami Sprl *« dont il transfère le capital relations à une structure à lui. C'est un détournement »* m'a-t-on confié.
À cet effet, Mka s'empare de MCK qui avait été créée sans lui, en 2001. Il en connaît les fondateurs.

Le 14 janvier 2004, l'Anglais Kenneth Macleod et le Belge Léopold Chamberland quittent MCK et cèdent leurs parts à Katumbi et à Kitangu. Les deux se cachent derrière les noms de leurs enfants, mineurs d'âge. Mais ce sont eux-mêmes qui signent les documents et qui empocheront le pactole.

MINING COMPANY KATANGA
SOCIETE PRIVEE A RESPONSABILITE LIMITEE
SIEGE SOCIAL A LUBUMBASHI, AVENUE DE L'ETOILE
BATIMENT INTERFINA,
COMMUNE DE LUBUMBASHI
NOUVEAU REGISTRE DU COMMERCE : 8518 LUBUMBASHI

PROCES VERBAL D'ASSEMBLEE GENERALE EXTRAORDINAIRE.

L'an deux mil quatre, le 14ème jour du mois de Janvier, s'est tenue ce jour au siège social, l'Assemblée Générale des Associés de la Société privée à responsabilité limitée MINING COMPANY KATANGA SPRL (MCK en sigle), ayant son siège social dans la Commune de Lubumbashi, avenue de l'Etoile Bâtiment Interfina, inscrite au nouveau registre du commerce de Lubumbashi sous le n° 8518, société constituée à Lubumbashi dont les Statuts ont été reçus sous la forme authentique par Monsieur KASONGO KILEPA KAKONDO, Notaire de la Ville de Lubumbashi et enregistrés le 23/06/2001 à l'Office Notarial de Lubumbashi sous le n° 19.637.

PARTICIPANTS

Sont présents et représentés :

1 KENNETH MACLEOD, titulaire de 500 parts sociales ;
        Représenté par Maitre KAYATA KITANGU

2 LEOPOLD CHAMBERLAND, titulaire de 500 parts sociales;

Sont invités :
1. CHAMPION KATUMBI, mineur d'âge représenté par son père KATUMBI Moïse
2. MAZEMBA KITANGU mineur d'âge représenté par son père KITANGU Ignace.

CONVOCATION ET REGULARITE DE L'ASSEMBLEE

Assemblée générale par laquelle Kenneth Macleod et Léopold Chamberland quittent MCK pour Katumbi-fils, mineur d'âge représenté par son père Moïse et à Kitangu-fils, mineur présenté par son père Ignace.

Un observateur m'a dit : *« il n'était pas nécessaire que MKa se cache derrière Champion, enfant mineur, si les opérations envisagées étaient propres. En agissant ainsi, MKa avait des intentions douteuses. C'est son style, sa marque depuis Betti Katumbi pour loger les fonds volés à la Zambie, depuis aussi les Ets Katebe devenus Chani Fisheries, etc. »*

J'ai noté que, même lorsqu'ils étaient déjà devenus majeurs, jamais les enfants de Katumbi et de Kitangu ne signeront un acte de MCK.

RESOLUTION

Première résolution :

L'Assemblée Générale accepte l'adhésion de Monsieur Champion KATUMBI et de Monsieur MAZEMBA KITANGU au sein de la société en qualité d'Associés d e la société;

Deuxième résolution :

L'Assemblée générale prend acte de la cession de la totalité des parts opérée par Messieurs KENNETH MACLEOD et LEOPOLD CHAMBERLAND aux nouveau associés.

Troisième résolution :

L'assemblée Générale prend acte du retrait de la société des associés KENNETH MACLEOD et Monsieur LEOPOLD CHAMBERLAND.

Il y a cession de la totalité des parts sociales aux enfants mineurs et retrait de la société de Macleod et Chamberland.

Septième Résolution :

L'Assemblée Général décide de modifier l'article 3 du statut comme - ci : La société a pour objet l'exploitation minière, le transport, le commerce général, l'import - export et la construction et génie civil. Elle peut également participer à toutes opérations qui directement ou indirectement sont en relation avec cet objet qui directement ou indirectement sont en relation avec cet objet qui sont de nature à favoriser l'accroissement de son patrimoine.

L'assemblée modifie les statuts pour adopter comme activité principale l'exploitation minière, en plus du transport, le commerce général, l'import-export, construction et génie civil.

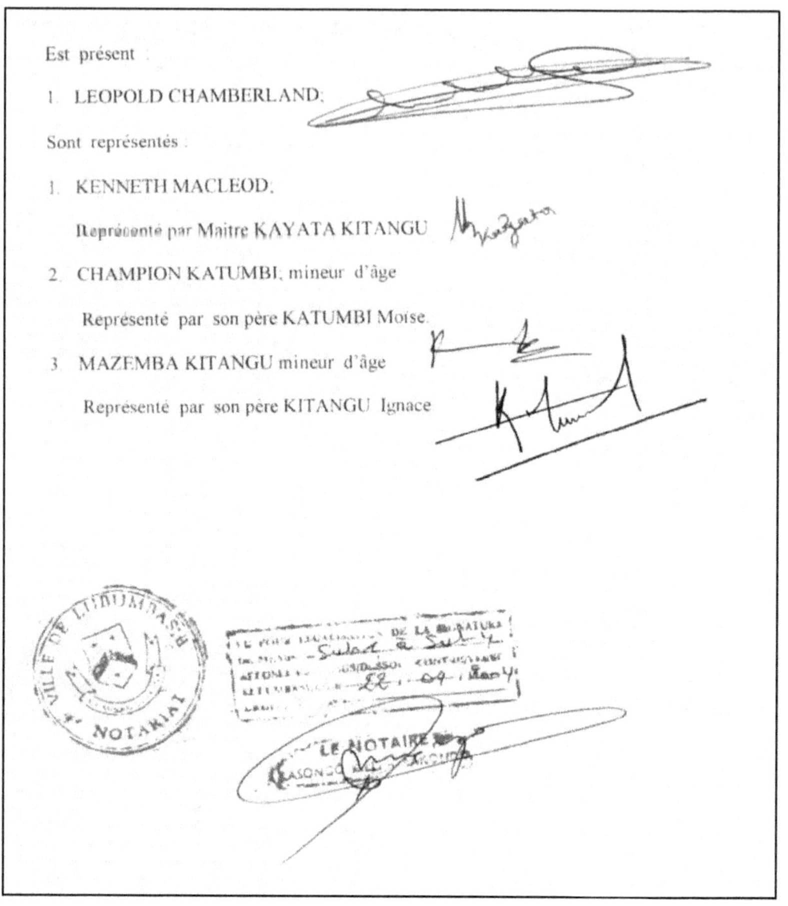

Il n'y a pas de doute possible, MKa signe directement et personnellement.

CHAMPION KATUMBI, mineur d'âge

Représenté par son père KATUMBI Moïse.

Une assemblée générale se tient le 8 avril 2004 pour désigner Ignace Kitangu comme gérant de MCK.

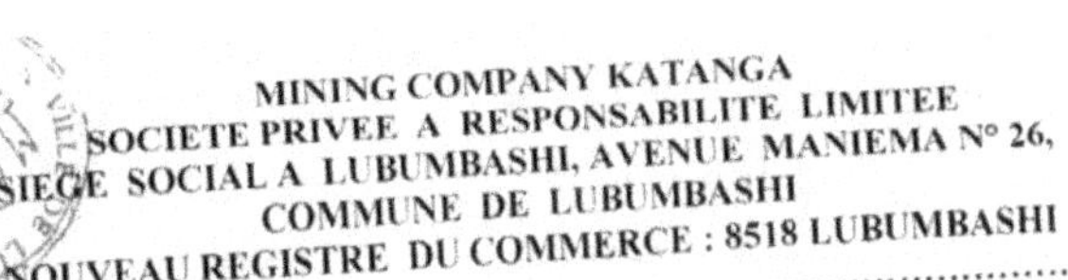

MINING COMPANY KATANGA
SOCIETE PRIVEE A RESPONSABILITE LIMITEE
SIEGE SOCIAL A LUBUMBASHI, AVENUE MANIEMA N° 26,
COMMUNE DE LUBUMBASHI
NOUVEAU REGISTRE DU COMMERCE : 8518 LUBUMBASHI

PROCES VERBAL D'ASSEMBLEE GENERALE EXTRAORDINAIRE.

L'an deux mil quatre, le 8ème jour du mois d'Avril, s'est tenue ce jour au siège social, l'Assemblée Générale des Associés de la Société privée à responsabilité limitée MINING COMPANY KATANGA SPRL (MCK en sigle), ayant son siege social dans la Commune de Lubumbashi, avenue Maniema, n° 26, inscrite au nouveau registre du commerce de Lubumbashi sous le n° 8518, société constituée à Lubumbashi dont les Statuts ont été reçus sous la forme authentique par Monsieur KASONGO KILEPA KARONDO, Notaire de la Ville de Lubumbashi et enregistres le 23/06/2001 à l'Office Notarial de Lubumbashi sous le n° 19.637.

PARTICIPANTS

Sont présents et représentés :

1. CHAMPION KATUMBI, mineur d'âge représenté par son père KATUMBI Moïse
2. MAZEMBA KITANGU mineur d'âge représenté par son père KITANGU Ignace.

CONVOCATION ET REGULARITE DE L'ASSEMBLEE

ORDRE DU JOUR.

La présente assemblée a pour ordre du jour le point suivant :

1. Nomination d'un nouveau gérant.

Mais la réalité est tout autre.

C'est MKa qui garde la main sur MCK Sprl. On le verra avec le contrat de Gécamines où MKa intervient comme « président » de la société. On le verra aussi avec la carte de visite que Kitangu m'a remise, et sur laquelle il n'est que « vice-président ».

La désignation d'Ignace Kitangu complète le maquillage des documents. Sur papier MKa n'est nulle part dans le pillage minier qui se prépare. Il n'est même pas un associé passif. MCK est officiellement la propriété de deux enfants mineurs ! Les parents signent au nom des enfants, et ils n'engagent jamais leurs responsabilités personnelles.

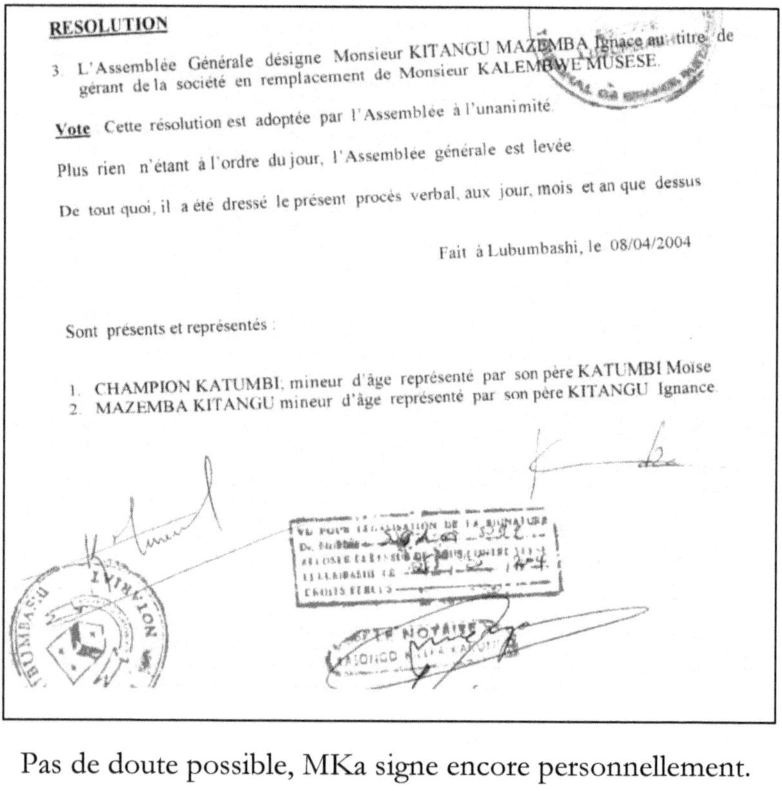

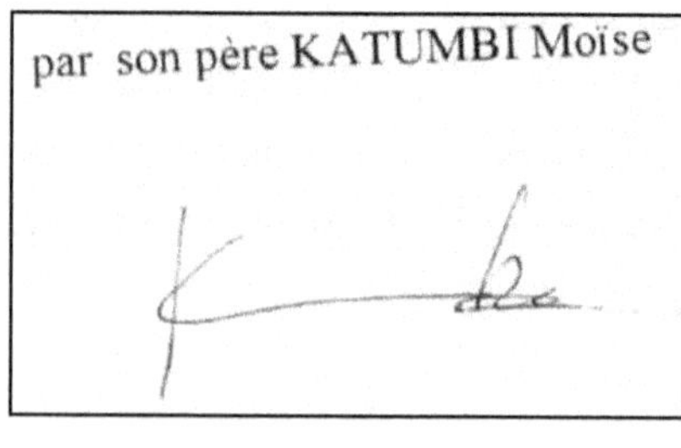

RESOLUTION

3. L'Assemblée Générale désigne Monsieur KITANGU MAZEMBA Ignace au titre de gérant de la société en remplacement de Monsieur KALEMBWE MUSESE.

Vote : Cette résolution est adoptée par l'Assemblée à l'unanimité.

Plus rien n'étant à l'ordre du jour, l'Assemblée générale est levée.

De tout quoi, il a été dressé le présent procès verbal, aux jour, mois et an que dessus

Fait à Lubumbashi, le 08/04/2004

Sont présents et représentés :

1. CHAMPION KATUMBI, mineur d'âge représenté par son père KATUMBI Moïse
2. MAZEMBA KITANGU mineur d'âge représenté par son père KITANGU Ignance.

Pas de doute possible, MKa signe encore personnellement.

par son père KATUMBI Moïse

TOUT INTERDISAIT LA NÉGOCIATION

L'opinion publique tant congolaise qu'internationale se préoccupe du pillage des ressources naturelles d'un pays réputé pour l'abondance et la diversité de ses richesses naturelles, mais dont la population est parmi les plus pauvres de la planète. Cette contradiction est accentuée par les contrats léonins par lesquels l'État détourne les biens et les revenus collectifs au profit disproportionné de quelques exploitants et de leurs complices locaux de la "bourgeoisie comprador". C'est sans doute l'épisode le plus sombre de l'histoire du Congo Kinshasa, bien pire que la pire des exploitations coloniales. Les Belges n'avaient ni vendu le pays ni hypothéqué l'avenir.

Le dossier MCK montre la face cachée de ce pillage. Cette entreprise fournit à MKa la couverture qui lui manquait, dans des circonstances sont surréalistes. Au lendemain de la guerre civile qui avait été suscitée et entretenue par l'exploitation des richesses naturelles, il règne dans le pays un climat de prédation extrême. On se partage les dépouilles de l'État. C'est le règne du népotisme et du trafic d'influence. *« On pourrait parler de bandes organisées et d'associations de malfaiteurs. MKa en fait partie et en tire profit »* me dit-on. C'est aussi ce que Richard Muyej dit en 2015 à Christophe Boisbouvier de RFI :

J'ai reçu Moïse Katumbi quand il est revenu d'exil… Je sais ce qu'il était et je sais ce qu'il est devenu aujourd'hui. Un minimum d'humilité et de reconnaissance. Le pouvoir l'a rendu fort. Je l'ai entendu parler de fortune, je ne voudrais pas en rire, mais je sais que ce sont des *"carabiniers"* qui l'ont rendu riche. (J'ai) l'avantage d'avoir été administrateur de la Gécamines. C'est l'effort du président de la République pour aider la jeune génération des Congolais. Il avait demandé à l'époque que nous ne puissions pas donner des gisements uniquement aux investisseurs étrangers, qu'on puisse favoriser aussi des opérateurs économiques congolais. Nous l'avions fait.

Auparavant, en 2006, Roger Kas de Katanganews avait décrit le même Muyej, alors président provincial du parti présidentiel PPRD: *« Muyej est un homme intelligent, mais il pratique la politique du ventre… C'est connu : Muyej est inféodé au Groupe Forrest ».*

Selon Roger Kas, Muyej recevait mensuellement $US 5.000 des Entreprises Forrest. La société Somika lui versait, quant à elle, $US 3.000.

Sans se gêner, Richard Muyej avait reconnu publiquement les financements de Georges Arthur Forrest. À cette époque, l'homme d'affaires d'origine néozélandaise et fraîchement devenu Belge négociait sa propre part du gâteau minier ; il reçut presque gratuitement les mines de Kamoto à Kolwezi qu'il s'empressera de revendre au groupe Glencore, pour désormais mener une vie de milliardaire à la tête d'un empire d'entreprises d'énergie, de génie civil, aviation, banques, etc. L'homme jurera qu'il avait quitté le secteur minier…

À l'époque, Forrest dit à la presse, et sans rire, que ses *« remises de fonds, en pleine campagne électorale 2006, étaient sa contribution pour la "démocratie" ! »*

Confirmant cela et parlant de lui-même et des autres, MKa dira dans les documentaires du cinéaste belge Thierry Michel : *« les mines ne m'ont fait gagner que 61 millions de dollars, parce que je suis un pauvre Noir… Les autres ont gagné des milliards… »*

Côté Gécamines, la Banque Mondiale essaie de redresser la société pour qu'elle relance ses activités. En dehors des grandes mines traditionnelles de Kipushi, Kolwezi, Kambove et Kakanda, la Gécamines possède de nombreux gisements miniers ainsi que des remblais et des rejets qui ont la particularité d'être très riches. La société les avait documentés et mis de côté comme « réserves stratégiques » qui seraient exploitées en périodes de difficultés. Début 2000, la Gécamines se trouvait dans ces difficultés prévues et pouvait recourir à ces réserves constituées depuis un demi-siècle. *« Mais elle s'est privée de ses bouées de sauvetage, de véritables joyaux, pour se contenter de vils prix et de paiements échelonnés »*, m'a-t-on dit.

À Kinsevere, la Gécamines avait découvert, avec 2817 mètres de forages, trois zones minéralisées contenant près de 3 millions de tonnes de cuivre à très haute teneur de 5 à 5,5 % et de cobalt de 0,20 à 0,23 % par 180.000 tonnes de cuivre contenu. La mine voisine de Nambulwa avait 5,5 % de cuivre.

On me précisa : *« MKa ne dit pas qu'en toute objectivité, il avait engagé des négociations minières avec la Gécamines, alors que toutes les conditions y étaient opposées… si s'était soucié de sauvegarder les intérêts de l'entreprise, de l'État et du peuple. »*

MKa, il ne fait pas le poids. Un agent de ministère me dit : *« C'est un fugitif qui avait débarqué il y a à peine quelques mois. Il n'a pas de passé dans les affaires commerciales ou industrielles au Congo et n'avait jamais pointé le nez dans Conjonctures économiques, le Who's Who de l'économie du pays ».* Pour un juriste de la société : *« La Gécamines avait toutes les raisons de le mettre à l'index à la suite de la saisie abusive de son convoi en 2001 en Zambie. Il ne connaît rien aux mines. Il n'a pas de moyens de lever des fonds pour réaliser un investissement minier ».*

Côté MCK, la couverture juridique offerte par cette société est un simple bout de papier. Le juriste me dit : *« Selon les critères, jamais la Gécamines n'aurait traité avec une entreprise qui n'avait que $US 3.750 de capital. Les partenaires devaient présenter des bilans d'au moins 3 années d'activités antérieures, des capacités financières, une expertise minière… De plus, les associés de MCK étaient des enfants mineurs… Le dossier était vide et pas du tout sérieux. La corruption et le népotisme politique ont surmonté tous ces obstacles ».*

Le 29 juillet 2004, MCK obtient, malgré tout, le contrat Nr 648/6743/SG/GC/2004 relatif à la prospection des gisements du polygone de Kinsevere et de Nambulwa. MCK bénéficie de l'option soit d'acquérir soit de prendre en location les permis d'exploitation de la Gécamines sous réserve d'une part de 5 % qui reviendrait à l'État congolais.

Selon Anvil Mining, dans son communiqué de novembre 2004, MCK démarre alors une exploitation artisanale sur le site de Kinsevere. À cette époque, on écrémait les gisements en prélevant l'hétérogénite, un minerai naturellement concentré dans les couches supérieures des gisements. Le minerai est commercialisé à l'état brut, grâce à sa forte teneur en cobalt.

« Dans une région industrialisée, le recours aux creuseurs artisanaux leur déniait les droits au salaire, aux soins de santé, aux équipements de sécurité et à l'éducation qu'ils auraient eus avec des contrats d'emploi. Avec la couverture de MKa, les entreprises ont privé les travailleurs de leurs par des intermédiaires », dit un syndicaliste.

« La filière hétérogénite a implanté le trafic des minerais et installé durablement les creuseurs artisanaux et des emplois précaires pour femmes et enfants, et dignes d'esclaves, au point qu'Amnesty International le dénoncera en 2016. Bilan macabre des années glorieuses de MKa, à la tête de la province du Katanga », m'a-t-on encore dit.

L'héritage de MKa : les minerais sont creusés, triés, lavés et concassés à la main, même par des enfants ; les granulés obtenus sont exportés comme des "concentrés" – Photo saisie d'écran Amnesty International.

J'avais noté une hiérarchie d'intervenants : piètres creuseurs, négociants, protecteurs se recrutant dans les forces de l'ordre, personnel politique et membres de leurs familles. MKa s'est lancé dans cette voie.

On me dit que *« bien des années plus tard, jusqu'à la fin de son mandat de gouverneur, une publicité de MCK sera diffusée sur les chaînes de radio et dans laquelle MCK est vantée pour l'exploitation d'hétérogénite… Une activité de trafiquant de minerais et d'esclavagiste»*.

Je note que la même tendance à la grandiloquence fera rayonner le sigle MCK en dehors des activités réelles de cette entreprise, même lorsqu'elle les aura cessées ou cédées.

LE MASSACRE DE KILWA

Vers 1998, AKM obtient pour les Australiens d'Anvil Mining des gisements de cuivre et d'argent dans le Luapula-Moëro, son patelin ; il devient membre du Conseil d'administration.

Octobre 2004, AKM se déplace de Kinshasa pour faire réprimer une petite insurrection sur les bords du lac Moëro. Cet épisode est connu comme « le massacre de Kilwa ».

Des ONG protestent et pointent la responsabilité de Anvil Mining qui avait, à la demande de AKM, facilité les déplacements des troupes. Aussitôt, MKa prend la défense de Anvil Mining ; il organise une descente punitive pour menacer les activistes de droit de l'homme de représailles s'ils continuaient à critiquer ces investisseurs.

« MKa utilise, à cette occasion, une milice composée de fanatiques de TP Mazembe, des jusqu'au-boutistes nommés, à dessein et à propos, « cent pour cent », m'a-t-on dit. « Le massacre de Kilwa avait fait une centaine de morts. On a parlé de l'enjeu de Kilwa, localité par laquelle Anvil exportait chaque jour près de $US 500.000 de minerais de cuivre, mais la véritable motivation de la répression rapide était de rassurer Anvil pour l'avenir ».

Un activiste des droits de l'homme explique :
« Kilwa est l'épisode fondateur de l'implication de MKa dans le pillage. C'était macabre, une sorte de pacte de sang… Voilà quelqu'un qui a soutenu le massacre de ses propres frères de tribu bemba pour protéger un minier qui ne manquait pas d'argent pour indemniser et consoler les familles éprouvées avec peu d'argent. MKa étendra ses services pour Anvil à Kolwezi, et à Kinsevere. Avec cette opération de force et de primes en exploitations minières, tous les pilleurs ont compris qu'ils auraient des protecteurs irréductibles… »

Au moment du massacre de Kilwa *« MKa était en négociations avec la Gécamines avec l'idée secrète d'en faire bénéficier Anvil Mining. La précipitation et la brutalité de la répression de Kilwa, c'est parce qu'il ne fallait pas que les Australiens hésitent ou changent d'avis… »*

Un procès fut bâclé en RDC. Mais il révéla que le colonel qui commandait l'escadron avait été acquitté pour « avoir obéi » à des supérieurs lui enjoignant une répression expéditive.

Ensuite des ONG ont tenté d'obtenir l'indemnisation des victimes en Australie à Perth et au Canada à Toronto, où Anvil était cotée en Bourse. Ce dernier procès a fait long feu.

En avril 2011, la justice canadienne avait autorisé un procès civil contre Anvil. Mais la décision a été annulée en janvier 2012. La Cour d'Appel du Québec a estimé que le bureau canadien de Anvil, situé à Montréal, n'avait pas été impliqué dans la prise de décisions qui ont provoqué le massacre, ce qui enlevait le lien avec les tribunaux du Québec. Pour les juges canadiens, les victimes devraient s'adresser aux justices congolaise ou australienne, celles des pays où Anvil opère.

En 2017, la Commission Africaine des Droits de l'homme et des peuples reconnaîtra la culpabilité de l'État congolais, ainsi que le droit des victimes à \$US 2,5 millions d'indemnisations.

Le massacre de Kilwa avait aussi soulevé des vagues à Washington. La répression avait eu lieu un mois après que la MIGA (Multilateral Investment Guarantee Agency - Agence de la Banque Mondiale pour garantir des investissements multilatéraux) ait couvert des dizaines de millions de dollars d'assurance pour garantir Anvil Mining contre précisément les risques politiques liés à la gestion de la mine congolaise.

Voici un extrait de rapport de la Banque Mondiale :

La mine d'Anvil à Dikulushi a été le premier projet de l'industrie extractive à recevoir l'approbation du Conseil de la Banque mondiale après la réponse d'août 2004 de la direction de la Banque mondiale à la Revue des industries extractives (RIE). Après l'approbation du Conseil en septembre 2004, MIGA a signé les contrats définitifs avec Anvil Mining Limited en mai 2005, fournissant des garanties de 13,3 millions de dollars pour couvrir la mine de cuivre et d'argent de la société à Dikulushi, en RDC.
En août 2005, le président de la Banque mondiale, Paul Wolfowitz, a demandé au Conseiller-Ombudsman pour l'application des directives de MIGA de procéder à un contrôle préalable de la MIGA dans le projet de Dikulushi.

Le rapport du Conseiller-Ombudsman a constaté des problèmes systé-miques dans la manière dont MIGA, l'assureur du risque politique de la Banque, conduit ses affaires. Selon le rapport, MIGA a évalué les risques du conflit pour son client et l'actif de l'entreprise, mais n'a pas adéquate-ment envisagé les risques que pose le projet pour les communautés locales dans la région instable de Katanga, en RDC. L'enquête du Conseiller-Om-budsman a révélé que MIGA n'a pas le savoir-faire suffisant pour évaluer le risque social ou assurer l'exécution des mesures visant à protéger les droits civils, tels que les principes volontaires promulgués par les États-Unis et le Royaume-Uni sur la sécurité et les droits de l'homme.

Malgré tout cela, en 2010, le massacre de Kilwa a été coulé dans le bronze du « Rapport du Projet Mapping concernant les vio-lations les plus graves des droits de l'Homme et du droit inter-national humanitaire commis entre mars 1993 et juin 2003 sur le territoire de la République démocratique du Congo » (Nr 863 et 864).

On m'a confié : *« en interne, cette affaire avait traumatisé les respon-sables de la société qui étaient convaincus que Anvil avait été instrumen-talisée. Pour eux, tout relevait de la responsabilité personnelle, pleine et entière de AKM. Comme aucune solution n'était trouvée et qu'on courait d'un pays à un autre, d'un tribunal à un autre, la société avait été appro-chée, en informel, pour envisager d'affecter une partie de son budget social aux familles des victimes. Cela correspondait aux mentalités locales et aux rites d'indemnisation et de purification en cas de deuil ou de calamité. Anvil était d'accord pour le principe, mais il fallait l'aval de AKM. Mais le gars s'était opposé catégoriquement à ce que les Australiens paient quoi que ce soit, même de symbolique... »*

J'ai mieux compris le massacre de Kilwa et les entraves de AKM à ce que justice et réparations aient été apportées aux populations de sa propre tribu du Luapula-Moëro, en lisant son livre posthume *"AKM : ma Vérité"* – 2013.

AKM vante ses visions et réalisations en les qualifiant, avec fierté, de « machiavéliques ».

Dans ses mémoires posthumes, AKM répète son rêve secret de rentrer au village ; parmi ceux qu'il aura fait massacrer. Il s'explique avec insolence qu'il était inspiré par Machiavel… *Photo auteur.*

Photo de saisie d'écran (Tous droits réservés)

Le 12 février 2012, AKM trouve la mort à bord du jet Gulfstream IV que MKa lui avait prêté. Curieusement, personne n'a jamais demandé comment MKa a pu acquérir, pour ses déplacements, un jet privé, intercontinental, valant des dizaines de millions de dollars, en quelques années d'exercice de fonctions publiques mais de relations soutenues avec les exploitants miniers dans une période de pillage et de très forte hausse des cours des métaux.

AKM a été enterré à Pweto, son village. Non loin de l'endroit du massacre de Kilwa. Ce lieu était déjà marqué par la malédiction, car plus aucune végétation ne pousse sur le sentier d'une route des esclaves.

UN SPÉCIMEN DE CONTRAT LÉONIN

2004, c'était l'époque du bradage minier. La Gécamines est dépouillée de ses gisements importants à des conditions désavantageuses. Elle n'a ni l'État ni même ses propres cadres pour la défendre. *« Le frère d'ethnie AKM assurait le relais des décisions de Kinshasa pendant que Ignace Kitangu, ancien PDG de l'entreprise minière livrait les secrets des données sur la profitabilité des gisements. Avec ce tandem, MKa, sans brevet ni expérience miniers, était en pilotage automatique. Son dossier devait aboutir ; on nous imposait des clauses au fur et à mesure »*, se souvient un négociateur.

Richard Muyej avait déjà dit, dans son entretien avec C. Boisbouvier de RFI, que le parti PPRD aurait intentionnellement appauvri la Gécamines *« pour aider la jeune génération des Congolais..., ne pas donner des gisements miniers uniquement aux investisseurs étrangers... et favoriser des opérateurs économiques Congolais »*.

Le négociateur me dit : *« En fait, c'était un univers de prédateurs ; il était clair que MKa devait obtenir la mine coûte que coûte. Car on ne parle pas du prix élevé qu'on a fait payer aux générations futures pour pistonner quelques individus. On aurait dû, tout au moins, interdire que les avantages exceptionnels accordés à des nationaux soient ensuite cédés ou marchandés avec des étrangers ; la spéculation et la revente avait enlevé toute légitimité au népotisme politique».*

Mais c'est bien cela que MKa envisage. Il négocie avec la casquette de Congolais pour revendre son contrat minier, particulièrement généreux, aux Australiens de Anvil Mining.

Le 29 novembre 2004, la compagnie australienne Anvil Mining Limited annonce son association avec MCK de MKa, pour réaliser l'étude de faisabilité des gisements de Kinsevere et de Nambulwa appartenant à la Gécamines. MCK lui promet de transférer son contrat avec la Gécamines à une nouvelle association dans laquelle Anvil détiendra 70 %. L'étude de faisabilité permettra l'acquisition ou la location des gisements après approbation du conseil d'administration de la Gécamines et du ministre des Mines.

Le 17 décembre 2004, MCK crée une société commune avec la firme australienne Anvil Mining. Elle est dénommée AMCK Mining Sprl au capital de 100 millions de francs congolais (soit environ \$US 250.000). Elle a pour activité « toutes opérations d'études, de prospection, de recherche et d'exploitation de substances minérales ».

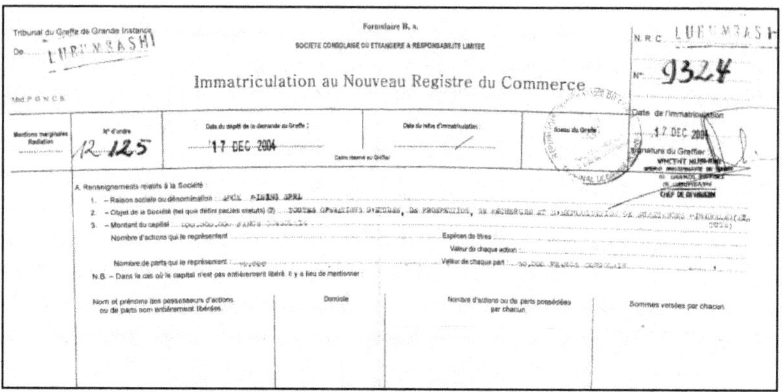

La société est inscrite au registre de commerce Nr 9324, siège social Nr 8034 avenue Nyota, quartier golf, commune de Lubumbashi.

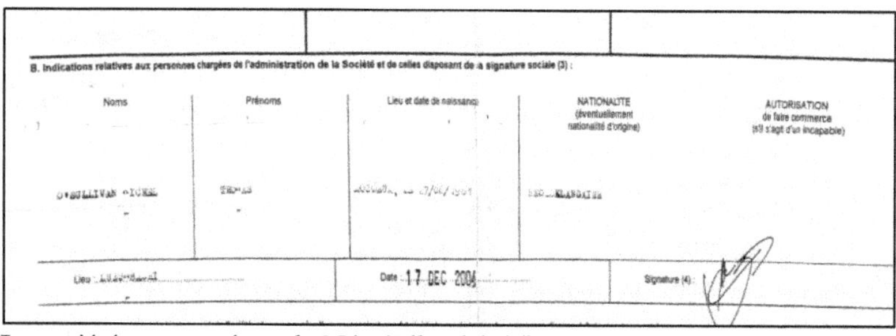

La société a pour gérant le Néo-Zélandais Thomas O'Sullivan Michel.

Le 30 mai 2005, MCK vend à Anvil Mining Investments Limited 70 % du capital de AMCK Mining pour le prix de $US 2.300.000. De ce montant, MCK devait remettre $US 1 million comme « pas-de-porte » à la Gécamines. Ce qui aurait donné un prix net de $US 1,3 million.

On m'explique : *« Mais au moment du paiement, en décembre 2005, MCK n'avait plus l'argent reçu d'Anvil ; MKa, qui n'a pas de gêne, avait déjà tout consommé pour lui-même. Et c'est Anvil qui déboursera à nouveau le pas-de-porte. De la sorte, le profit net de la vente des 70% de MCK sera de $US 2,3 millions ».*

Dans la nouvelle AMCK Mining, Anvil a 7.000 parts et MCK reste associé avec 3.000 parts.

Les 20 et 21 octobre 2005, le Conseil d'Administration de la Gécamines approuve le contrat avec MCK.

Le 25 octobre 2005, le ministre des Mines par sa lettre CAB.MIN/MINESZ/01/0872/05 autorise la Gécamines de signer avec MCK.

Le 8 décembre 2005, MCK signe avec Gécamines un contrat d'amodiation (location) de 25 ans sur les gisements de Kinsevere et de Nambulwa.

En préambule il est déclaré « Attendu que MCK est éligible aux droits miniers », *« alors que cette société était une coquille vide, sans capacités financières ni techniques, avec des enfants mineurs comme associés »,* souligne un négociateur.

CONTRAT

ENTRE

LA GENERALE DES CARRIERES ET DES MINES

ET

MINING COMPANY KATANGA sprl

RELATIF A

L'AMODIATION DES DROITS MINIERS ATTACHES AU PERMIS
D'EXPLOITATION COUVRANT
LES GISEMENTS DE KINSEVERE ET DE NAMBULWA

N° 722/10525/SG/GC/2005

NOVEMBRE 2005.

Le fameux contrat de location de la mine pour qu'à son terme,
Kinsevere sera restituée, vidée de ses substances…

Contrat d'amodiation de permis d'exploitation

Entre

DE GENERALE DES CARRIERES ET DES MINES, en abrégé "GECAMINES" et en sigle "GCM" entreprise publique de droit congolais, immatriculée au nouveau registre du commerce de Lubumbashi sous le numéro 453, dont le siège social est situé au n° 419 boulevard Kamanyola, BP 450, Lubumbashi, en République Démocratique du Congo, représentée aux fins des présentes par Monsieur **TWITE KABAMBA** et Monsieur **NZENGA KONGOLO**, respectivement Président du Conseil d'Administration et Administrateur-Délégué Général, ci-après dénommée « GÉCAMINES », d'une part ;

et

MINING COMPANY KATANGA SPRL, en abrégé « MCK sprl», société privée à responsabilité limitée de droit congolais, immatriculée au nouveau registre de commerce de LUBUMBASHI, sous le numéro NRC 8518, et ayant son siège social au n° 2955, avenue LUMUMBA, Commune de LUBUMBASHI à Lubumbashi, République Démocratique du Congo, représentée aux fins des présentes par Monsieur **KITANGU MAZEMBA**, Directeur Général, ci-après dénommée.« MCK.», d'autre part ;

On me commente : « *Le contrat est incroyablement déséquilibré. Le gisement minier de Kinsevere couvre 16,1 kilomètres carrés, à 27 kilomètres au nord de Lubumbashi. Il s'agit d'une mine extrêmement riche en cuivre et en cobalt. Rien que la teneur moyenne de cuivre est supérieure à 4 %. C'est 6 fois le taux de cuivre contenu de 0,71 % que l'on extrait au Chili, le premier producteur mondial de ce métal… »*

La location est accordée pour 25 ans, mais l'étude de faisabilité donnera une exploitation de 16,5 années.

En contrepartie de ce qu'on me qualifie de *« générosité »*, la Gécamines encaissera un prix fixe (ou "pas-de-porte") de seulement $US 1 million (Nb qui sera porté à $US 4 millions après ce qu'on a appelé la "révisitation" des contrats).

À l'époque, la Gécamines a des difficultés de trésorerie ; mais elle fait crédit à MCK. Le prix fixe ou "pas-de-porte" sera payé en 3 tranches :

$US 800.000 à la signature du contrat.
$US 100.000 à la remise des titres miniers
$US 100.000 quatre mois après le début des opérations.

Pour les 25 années du contrat, la Gécamines aura droit à des royalties de 1,75 % par tonne de cuivre produite. Les négociateurs ont considéré un prix du cuivre variant entre $US 2.000 et $US 4.000 la tonne. Ceci donne des royalties $US 35 à 70.

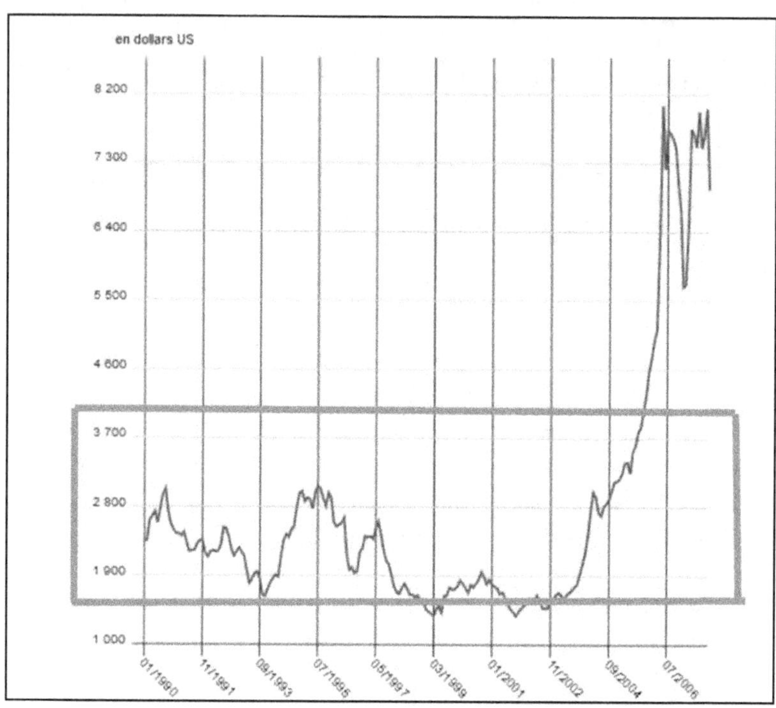

Au moment de la négociation, le cuivre qui avait stagné de 1990 à 2003 avait déjà franchi le plancher de $US 2000 en 2004 et dépassé le plafond contractuel de $US 4.000 en 2006 avant de prendre la fusée pour une hausse vertigineuse de plusieurs années.

Dans cet arrangement, toute majoration de royaltie est refusée à l'avance. Et à jamais. La Gécamines ne percevra aucun dollar au-delà du prix de vente sur le marché de $US 4.000 la tonne de cuivre.

En réalité, les cours du cuivre doubleront très rapidement avant la mise en route de la mine, en sorte que le taux réel de royalties sera divisé par deux ; il ne représentait plus que de 0,875 % la tonne. *« Autant dire que c'était gratuit. Un pillage 100 % »*, me dit-on.

ARTICLE 3 : PAIEMENTS AU TITRE DE L'AMODIATION

En contrepartie des droits accordés par GECAMINES aux termes du présent Contrat, MCK paiera à GECAMINES un pas de porte non remboursable et un loyer dont les taux et les modalités de paiement sont déterminés ci-après .

a) Tonne Cuivre équivalent

$$tCu_{eq} = tCu + tCo * \frac{CCo}{CCu}$$

b) Taux du loyer

Le taux du loyer, hors taxe est fixé de la manière suivante

Si CCu ≤ 2.200 USD/tCu

Loyer = 35 USD/tCu_eq Extrait et audité

Si 2.200 USD/tCu < CCu ≤ 4.000 USD/tCu

Loyer = [35/1800 (CCu 2200) + 35] USD/tCu_eq Extrait et audité

Si 4.000 USD/tCu ≤ CCu

Loyer = 70 USD/tCu_eq Extrait et audité

ARTICLE 4 : MODALITES DE PAIEMENT

4.1 Pas de porte

Le montant du pas de porte est fixé à un million de dollars américains (1.000.000 USD) et le paiement se fera de la manière suivante :

- 800.000 USD à la signature du présent Contrat ,
- 100.000 USD à l'endossement des titres au nom de MCK;
- 100.000USD au quatrième mois de la Date de Commencement de la Production Commerciale

4.2. Paiement du loyer

Les paiements à Gécamines ne dépasseront pas 62 millions en 25 ans… lorsque la mine sera totalement épuisée.

On m'explique : *« à la fin de la location d'une maison ou même d'une voiture, on la remet au propriétaire dans un état où elle peut encore servir. Mais avec une location de 25 ans pour extraire des minerais, la mine qui est restituée aura été vidée. Le propriétaire de la mine n'aura plus rien. Dans ce genre de contrat, la logique et l'équité d'une location de mines nécessitent un prix de loyer élevé ».*

Ce n'est pas le cas. L'étude de faisabilité de Kinsevere a indiqué que la mine serait exploitée pendant 16,5 ans. Elle produirait 25,7 millions de tonnes de minerais permettant l'usinage et la commercialisation de 882.500 tonnes de cuivre.

On me commente : *« Cette production rémunérerait Gécamines de $US 61 millions. Ainsi, MKa aura empoché le même montant de $US 61 millions sur le dos de la Gécamines… et avant la mise en exploitation, alors que la société devrait attendre 25 ans… Quelle ironie ! »*

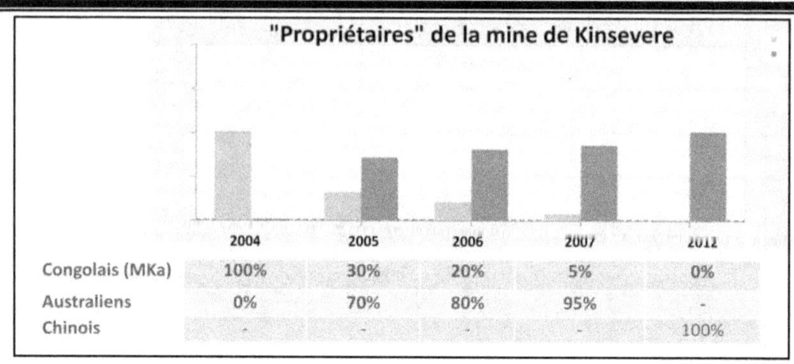

	2004	2005	2006	2007	2012
Congolais (MKa)	100%	30%	20%	5%	0%
Australiens	0%	70%	80%	95%	-
Chinois	-	-	-	-	100%

MKa a utilisé la carte d'investisseur « 100 % congolais » pour bénéficier d'une négociation de faveur avec la Gécamines. Mais il a aussitôt revendu 95 % des droits aux Australiens. Finalement, la mine deviendra 100 % chinoise.

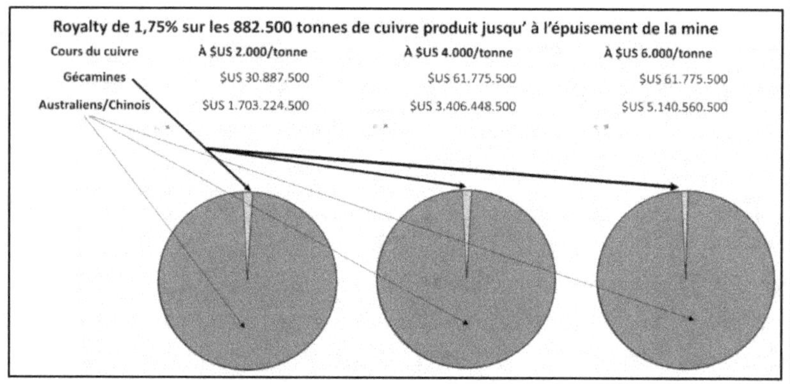

Royalty de 1,75% sur les 882.500 tonnes de cuivre produit jusqu' à l'épuisement de la mine			
Cours du cuivre	À $US 2.000/tonne	À $US 4.000/tonne	À $US 6.000/tonne
Gécamines	$US 30.887.500	$US 61.775.500	$US 61.775.500
Australiens/Chinois	$US 1.703.224.500	$US 3.406.448.500	$US 5.140.560.500

Le caractère léonin du contrat minier réside dans le plafond des cours pour les revenus de la Gécamines. L'étranger profite seul des augmentations des cours au-delà de ce plafond.

En clair, avec des royalties de $US 35 à 70, la Gécamines n'obtiendra pour l'exploitation de sa fabuleuse mine qu'un minimum de $US 30,887millions à un maximum de $US 61,775 millions, lorsque la mine sera totalement épuisée.

MCK REMET KINSEVERE À ANVIL

Le 13 décembre 2005, la Gécamines réclame le paiement de la première tranche de $US 800.000 comme prix fixe (ou pas-de-porte).

LA GENERALE DES CARRIERES ET DES MINES
<< GECAMINES >>
Société d'Etat dotée de la Personnalité Juridique
B.P. 450 – LUBUMBASHI – République Démocratique du Congo

MINING COMPANY KATANGA

N° 2.857/05/DFI/TRG

Lubumbashi, le 13/12/2005

Objet : Vos engagements envers la GECAMINES.

Messieurs,

Nous référant à l'article 4.1 du contrat d'amodiation des droits miniers attachés au permis d'exploitation couvrant les gisements de KINSEVERE et de NAMBULWA, nous avons l'avantage de vous rappeler votre obligation de libérer la somme de 800.000,- USD en faveur de la Gécamines.

Pour ce faire, nous vous saurions gré de bien vouloir honorer vos engagements dans un bref délai en créditant notre compte n° ________________ ouvert auprès de la Belgolaise du montant susvisé.

Nous vous prions d'agréer, Messieurs, l'assurance de notre considération distinguée.

LA GENERALE DES CARRIERES ET DES MINES

Le 26 décembre 2005, MKa opère un tour de magie.

MCK disparaît et se fait remplacer par Anvil Mining qui pilote AMCK MINING Sprl.

« C'est le triomphe de la spéculation », m'explique-t-on. Je note l'échec de la tentative de créer une classe moyenne minière congolaise.

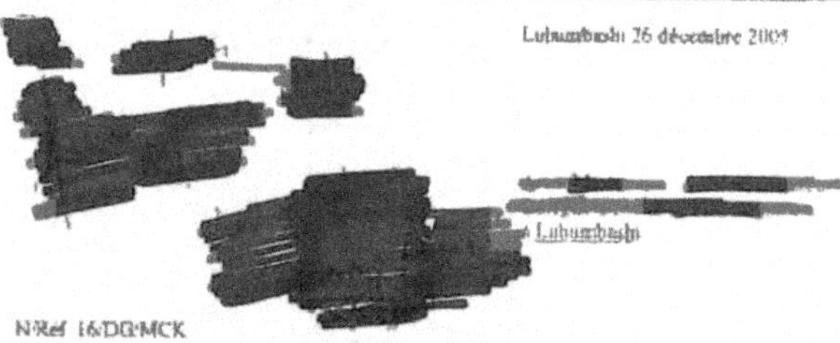

MINING COMPANY KATANGA SPRL

« MCK »

Société Privée à Responsabilité Limitée

Siège Social à Lubumbashi 17, avenue Munguzi B.P.1513

Phone 00243 7348383 & Fax 00243 2348383 et 00243 813016498

Lubumbashi 26 décembre 2005

N/Ref 16/DG/MCK

Concerne : Notification de Cession du Contrat entre la GECAMINES et MCK relatif à l'Amodiation des Droits Miniers Attachés aux Permis d'Exploitation Couvrant les Gisements de Kinsevere et de Nambulwa.

Nous nous référons au Contrat relatif à l'amodiation des droits miniers attachés aux permis d'exploitation couvrant les gisements de Kinsevere et de Nambulwa conclu le 8 décembre 2005 entre La Générale des Carrières et des Mines (GECAMINES) et MINING COMPANY KATANGA SPRL /MCK/ (le « Contrat d'Amodiation »)

Nous vous notifions par la présente la cession de nos droits et obligations aux termes du Contrat d'Amodiation à AMCK MINING SPRL (AMCK), notre Filiale commune créée avec la société ANVIL MINING LIMITED, conformément à l'article 10 du Contrat d'Amodiation qui dispose que

« une Partie pourra, moyennant notification préalable écrite à l'autre Partie, librement céder le présent Contrat à une société affiliée à condition que la Partie cédante reste solidairement tenue avec sa société affiliée des obligations découlant du présent Contrat »

Sans préjudice de ce qui précède, nous vous confirmons que nonobstant la présente notification de cession, nous restons, envers la GECAMINES, tenus solidairement avec le cessionnaire.

PRÉPARATIFS D'ABANDONNER MCK

Le 13 mai 2006, MKa prépare sa sortie de MCK. Il crée Virginika Mining dont il prend 90 %. L'objet est l'exploitation minière sous toutes ses formes, notamment recherche, exploitation, traitements des minerais et commercialisation des substances minérales. Le capital est de 450 millions de francs.

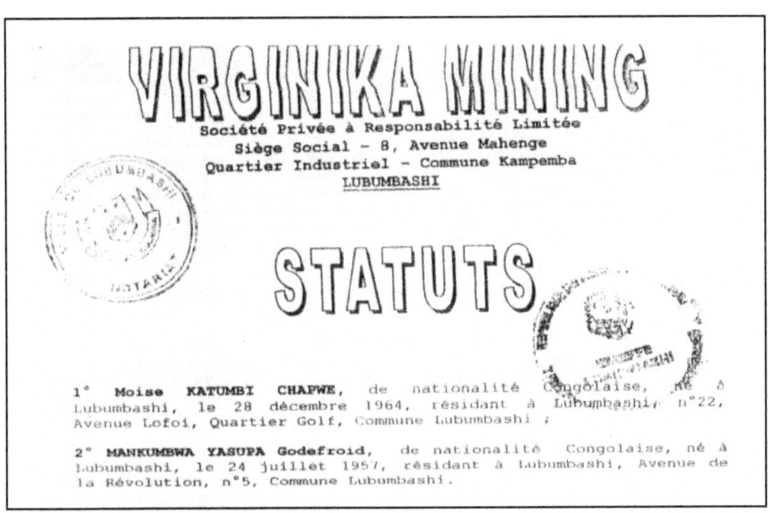

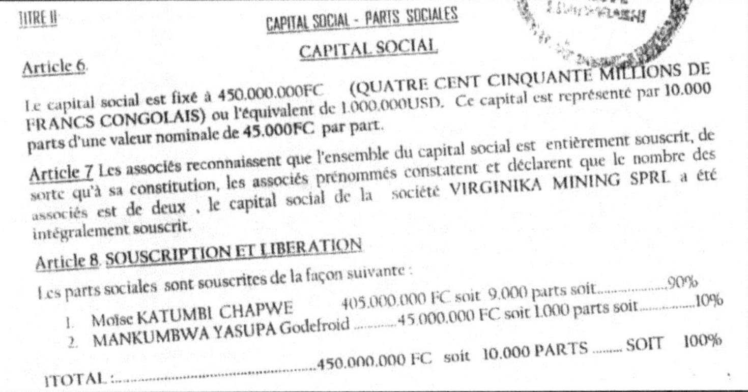

Virginika est enregistrée au registre de commerce.

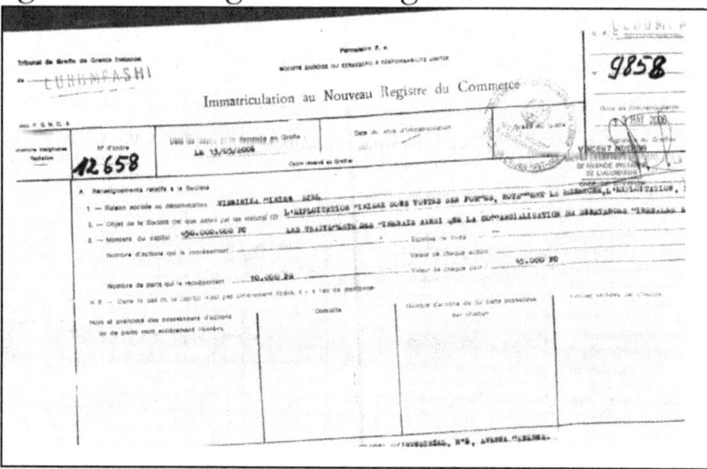

Le 31 août 2006, Ignace Kitangu fait de même. Il crée IKKM Investments SPRL, une société de services au capital de 100 millions de francs dont il prend 70 % en partage avec deux membres de famille.

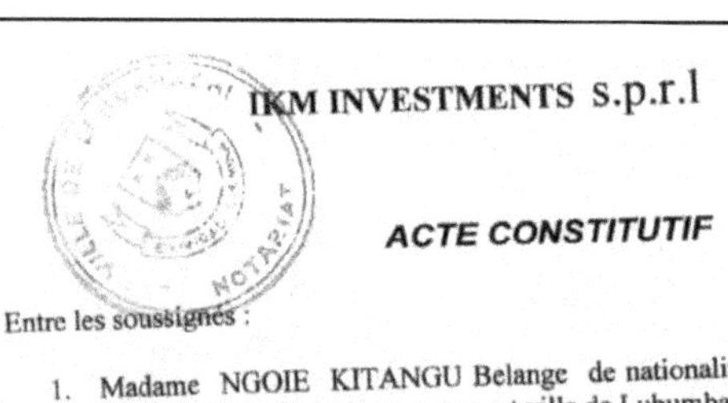

IKM INVESTMENTS s.p.r.l

ACTE CONSTITUTIF

Entre les soussignés :

1. Madame NGOIE KITANGU Belange de nationalité Congolaise résidant au n° de l'avenue Mama Fatuma, commune et ville de Lubumbashi.

2. Monsieur KITANGU MAZEMBA Ignace, de nationalité Congolaise, résidant au n°588 Mulunguishi, Commune et Ville de Lubumbashi ;

3. Madame KAYATA KITANGU Clarisse, de nationalité Congolaise, résidant au n°85 de l'avenue Mweka, commune te ville de Lubumbashi ;

Il a été convenu et arrêté la création d'une société commerciale du type SPRL dénommée « IKM INVESTMENT » SPRL, dont les statuts suivent :

STATUTS

TITRE II : CAPITAL SOCIAL- APPORTS- PARTS SOCIALES- OBLIGATIONS

<u>ARTICLE CINQ</u> : <u>CAPITAL</u>

Le capital social est de 100.000.000 Francs Congolais , représenté par 100 Parts de 1.000.000 Fc chacune des parts sociales avec droit de vote. Le capital est entièrement souscrit et entièrement libéré.

<u>ARTICLE SIX</u> : <u>SOUSCRIPTION- LIBERATION</u>

Le capital social est entièrement souscrit et libéré comme suit :

1. KITANGU MAZEMBA	70 PARTS SOCIALES	70.000.000 Fc
2. NGOIE KITANGU	15 PARTS SOCIALES	15.000.000 Fc
3. KAYATA KITANGU	15 PARTS SOCIALES	15.000.000 Fc

Les Associés prénommés constatent et déclarent que le nombre des associés est de trois et que le capital a été intégralement souscrit.

IKM est enregistrée aussi au registre de commerce.

Greffe du
Tribunal de Grande Instance

Formulaire 1

N.R.C.
N° : 10.053
Date de l'immatriculation

Demande d'inscription complémentaire au Nouveau Registre du Commerce

Toute demande d'inscription complémentaire doit être accompagnée du titre justifiant l'immatriculation au R.C. du requérant.

NOM DU COMMERCANT :   PRENOMS :

RAISON SOCIALE ou DENOMINATION DE L'ENTREPRISE : I.K.M INVESTMENTS SPRL

OBJET DE L'INSCRIPTION (3) DEPOT PV AGE DU 20 FEVRIER 2008 AYANT COMME ORDRE DU JOUR : OUVERTURE D'UNE NOUVELLE ACTIVITE , L'HOTELLERIE , AU N° 13 DE L'AVENUE LOMAMI SOUS LE NOM DE L'HOTEL CENTRAL DANS LA COMMUNE DE LUBUMBASHI .

Signature du requérant (1) (ou de son mandataire spécial)

N° d'ordre (2)	Date du dépôt de la demande d'inscription au Greffe	Date du refus éventuel de l'inscription	Date de l'inscription complémentaire au R.C.	Signature du Greffier
	LE 29/02/2008			Jean Paul NKULU KABAMBI
		Cadre réservé au Greffier		Chef de Division

N.B. : Le Greffier mentionne l'inscription complémentaire accordée : 1° sur le formulaire de la demande d'immatriculation au R.C. constituant le feuillet du Registre du Commerce relatif au requérant ; 2° sur la copie de la demande d'immatriculation constituant le titre du requérant et que celui-ci doit fournir en annexe à toute demande d'inscription complémentaire.

(1) Précéder des mots « Certifié sincère et véritable »
(2) Conforme au n° d'ordre du registre d'entrée des demandes d'inscription
(3) Si l'objet de l'inscription est une modification aux statuts d'une société, la demande d'inscription doit en outre être accompagnée d'une copie certifiée conforme par une administration, et légalisée, de l'acte modificatif des statuts de la société ou un extrait du Bulletin Officiel de la République du Zaïre

Le 12 janvier 2007, Kitangu garde 70 % de IMK, et répartit 30 % entre six membres de sa famille.

PROCES VERBAL DE L'ASSEMBLEE GENERALE EXTRAORDINAIRE IKM INVESTMENTS SPRL N° 90 INDUSTRIEL COMMUNE DE KAMPEMBA LUBUMBASHI

L'an deux mil sept, le douzième jour du mois de janvier, il s'est tenu à Lubumbashi, l'Assemblée Générale Extraordinaire de la Société IGNACE KITANGU MAZEMBA INVESTMENTS SPRL en sigle (IKM INVESTMENTS SPRL) ayant son siège social sur l'avenue industriel numéro 90 ,commune de Kampemba.
Enregistrée sous le numéro de registre de commerce 10053

Sont présents ou représentés :

Monsieur KITANGU MAZEMBA Ignace

Madame NGOIE KITANGU Bellange

Madame KAYATA KITANGU Clarisse

Invités

Monsieur MUHEMBO KITANGU Bob

Mademoiselle MWADI KITANGU Lisette

Monsieur MAZEMBA KITANGU Fredo

Mademoiselle KAJI KITANGU Noëlla, Mineur d'age représentée par son père KITANGU MAZEMBA Ignace

---

- L'assemblée prend acte de l'entrée des nouveaux   associés dans IKM INVESTMENTS SPRL.
- L'assemblée établie la nouvelle répartition des parts de la manière suivante :

Monsieur KITANGU MAZEMBA Ignace	70 PARTS SOCIALES
Madame NGOIE KITANGU Bellange	5 PARTS SOCIALES
Madame KAYATA KITANGU Clarisse	5 PARTS SOCIALES
Monsieur MUHEMBO KITANGU Bob	5 PARTS SOCIALES
Mademoiselle MWADI KITANGU Lisette	5 PARTS SOCIALES
Monsieur MAZEMBA KITANGU Fredo	5 PARTS SOCIALES
Mademoiselle KAJI KITANGU Noëlla	5 PARTS SOCIALES

La face cachée de Kitangu

On me dit : *« Ignace Kitangu a fait sa première apparition publique en 2000 parce que Georges Arthur Forrest, alors président de la Gécamines, ne pouvait pas présider l'inauguration de son propre projet STL. On allait y traiter 4.500.000 tonnes de rejets (contenant du germanium, du cobalt, du zinc et du cuivre) parmi les 15 millions de tonnes de scories noires du fameux terril de Lubumbashi. Lors de cette inauguration, le 30 novembre 2000, Ignace Kitangu, a parlé au nom de la Gécamines pour rassurer le peuple congolais en osant dire : " nous n'avons cédé qu'un tiers des scories. Mais nous avons veillé jalousement à ce que les générations futures puissent bénéficier des deux tiers restants". Mais c'étaient deux tiers de scories dépourvues de minerais et sans valeur. »*

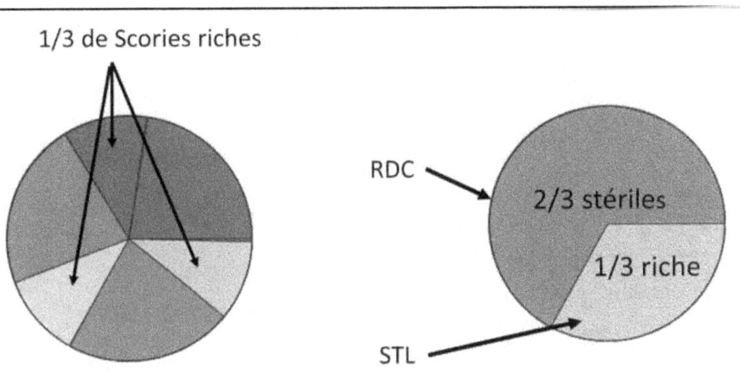

Dans le terril, les scories avaient été stockées et empilées en parties minérales riches (1/3) et en zones de rejets stériles (2/3). Il y avait des cartes précises de ce stockage. L' exploitation STL allait prendre toutes les parties minérales riches (1/3), en laissant à Gécamines les 2/3 constitués de scories stériles. Donc, en ne laissant rien...

On me dit : *« cet énorme mensonge public d'Ignace Kitangu démontre que la nouvelle bourgeoisie "comprador" allait piller les ressources naturelles au grand bénéfice des étrangers, tout en s'employant à rassurer la population qu'elle veillait aux intérêts et à l'avenir du pays. Du machiavélisme revendiqué par AKM ».*

LE PREMIER JACKPOT

Le 17 août 2006, MCK cède à Anvil 1.000 parts sociales dans AMCK qui approuve la transaction.

À ce stade Anvil totalise 8.000 parts et MCK 2.000 parts.

Procès-Verbal de l'Assemblée Générale Extraordinaire

L'an deux mille six, le dix-septième du jour du mois d'août, s'est tenue l'Assemblée Générale Extraordinaire des associés d'AMCK MINING sprl (AMCK).

I. Quorum :

Sont présents ou représentés :

1. Anvil Mining Investments Limited, titulaire de 7.000 parts, par Monsieur Mike O'Sullivan ;

2. Mining Company Katanga sprl, titulaire de 3.000 parts, par Mr. Ignace Kitangu Mazemba.

II. Ordre du jour :

La séance est présidée par Monsieur Mr. Mike O' Sullivan, gérant, qui rappelle que l'Assemblée Générale est appelée à délibérer sur l'ordre du jour suivant :

- Agrément d'une cession des parts
- Modification des statuts

III. Examen :

Le Président de séance expose que Mining Company Katanga a cédé mille (1000) parts dans la société à Anvil Mining Investments Limited aux termes d'un contrat d'acquisition d'actions. Il y a lieu, par conséquent, que l'Assemblée Générale puisse agréer cette cession.

Après débat et délibération, la résolution ci-après a été adoptée à l'unanimité :

IV. Résolutions

Première résolution :

L'Assemblée Générale donne son agrément à la cession par Mining Company Katanga de mille (1000) parts sociales à Anvil Mining Investments Limited.

Dans un communiqué de presse, Anvil Mining (AVML) précise qu'elle a payé à MCK $US 14.000.000 en deux parties : $US 10 millions en cash et $US 4 millions par la remise de 602.410 actions de Anvil Mining Limited (AVML).

Voici le communiqué de Anvil, en anglais dans le texte :

Anvil to acquire additional 10 % interest in Kinsevere-Nambulwa copper-cobalt joint venture, Democratic Republic of Congo

Anvil Mining Limited (TSX, ASX : AVM - News News), ("Anvil" or the "Company") is pleased to announce it has entered into an agreement to acquire an additional 10 % interest in the mining rights for the Kinsevere-Nambulwa copper-cobalt deposits located 30 km north-north-east of Lubumbashi, the provincial capital of the Katanga Province of the Democratic Republic of the Congo ("DRC"). The additional interest will be acquired from the Mining Company Katanga s.p.r.l. ("MCK"), a private DRC company that is Anvil's joint venture partner in the Kinsevere-Nambulwa project.

Terms of the agreement

Under the terms of the agreement, Anvil will pay a total amount of $14 million in cash and common shares for an additional 10 % interest in the project, taking its interest in the joint venture from 70 % to 80 %. The agreement provides for Anvil to make a payment of $2.5 million in cash upon the signing of the agreement, a payment of $7.5 million in cash at closing, and $4 million in common shares of Anvil Mining Limited. An aggregate of 602,410 common shares will be issued on closing at a price of US$6.64 per share (which was calculated based on the average price of the previous 10 days' trading on the Toronto Stock Exchange ("TSX") immediately preceding acceptance of the offer). When issued, the common shares will be subject to a four-month hold period in accordance with Canadian securities regulations.

Completion of the transaction is subject to entering into a definitive agreement, approval by Anvil Mining's Board of Directors and receipt of regulatory approvals, including the approval of the TSX.

La transaction est déclarée au registre de commerce.

ide Instance   Formulaire I   N.R.C : Lubumba:
LUBUMFASHI   N° : 9324
Date de l'immatricu
LE 17/12/200

Demande d'Inscription complémentaire au Nouveau Registre du Commerce

Toute demande d'inscription complémentaire doit être accompagnée du titre justifiant l'immatriculation au RC du requérant

NOM DU COMMERCANT :   PRENOMS :

RAISON SOCIAL ou DENOMINATION DE L'ENTREPRISE : *AMCK MINING sprl*

OBJET DE L'INSCRIPTION (3) : *PROCES VERBAL DE L'ASSEMBLEE GENERALE EXTRAORDINAIRE du 17 AOUT 2006 PORTANT SUR LA MODIFICATION DES PARTS SOCIALE*

Signature du requérant (1) (ou de son mandataire spécial)

Certifié Conforme

° d'ordre (2)	Date du dépôt de la demande d'inscription au greffe	Date du refus éventuel de l'inscription	Date de l'inscription complémentaire au RC	Signature du Greffier
1125	LE 24/08/2006			

N.B : Le Greffier mentionne l'inscription complémentaire associée : 1° sur le formulaire de la demande d'immatriculation au R.C constituant le feuillet du registre du commerce relatif au requérant ; 2° sur la copie de la demande d'immatriculation constituant le titre du requérant et que celui-ci en annexe à toute demande d'inscription complémentaire.

MCK a reconnu la transaction dans son assemblée générale extraordinaire du 8 novembre 2006.

PROCES VERBAL D' ASSEMBLEE GENERALE EXTRAORDINAIRE

MINING COMPAGNY KATANGA NRC 8518 IDN.6-12-N3995995B

SIEGE SOCIAL : 17 MUGUNZI,COMMUNE DE KAMPEMBA

L'an 2006 ,le huitième jour du mois de novembre s'est tenue une assemblée générale extraordinaire des associés de la Société Mining Compagny Katanga s.p.r.l(MCK en sigle) ayant son siége social sur l'avenue Mugunzi,17 commune Kampemba, inscrite au nouveau registre du commerce de Lubumbashi sous le n°8518 , société de Droit Congolais constituée à Lubumbashi dont les statuts ont été reçus par Le Notaire de la ville en date du 23/06/2001 sous n° 19637.Identification nationale 6-12-N3995995B.

Sont présents ou représentés

- Champion KATUMBI représenté par Maître HUBERT DUMBI
- MAZEMBA KITANGU Fredo représenté par son père KITANGU MAZEMBA Ignace

CONVOCATION ET REGULARITE DE L'ASSEMBLEE

Convoquée par Monsieur KITANGU MAZEMBA Ignace en vertu de l'art 21 des statuts,tous les associés reconnaissent avoir reçu au préalable la convocation contenant l'ordre du jour proposé.
Tous les associés déclarent solennellement et expressément renoncer à toute éventuelle action qui tiendrait à une quelconque irrégularité de cette assemblée.
Ainsi, l'assemblée déclare t-elle régulière sa tenue et décide qu'elle peut valablement siéger sous la présidence du gérant.

DEROULEMENT DE LA REUNION

- d) Le président communique l'ordre du jour ;
- e) L'assemblée prend acte de l'exposé de président. Elle se reconnaît valablement constituée et apte à délibérer sur le point à l'ordre du jour.
- f) Délibération
Après avoir délibéré, l'assemblée réunissant l'intégralité des parts prend les résolutions suivantes ;

L'assemblée de MCK indique aussi le prix encaissé. Les 1000 parts dans AMCK ont été vendues à $US 14.000.000.

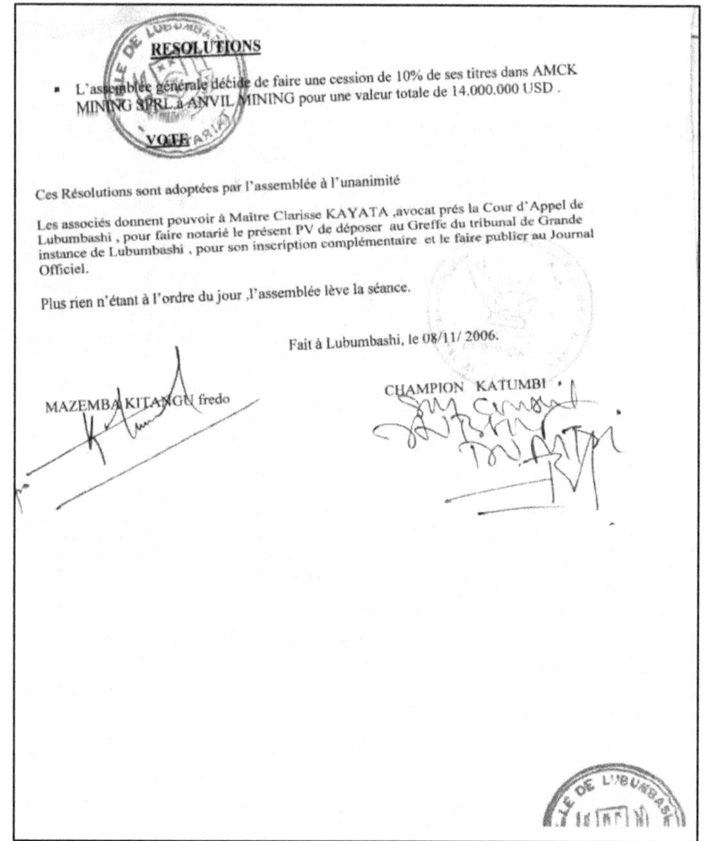

PARADIS FISCAUX AVEC DES MAFFIOSI

Le 30 octobre 2006, MKa lance des sociétés offshores pour lui servir d'écran. Il fait introduire, dans le capital de la congolaise Virginika Mining SPRL, la société Virginika International, apparemment basée aux Îles Vierges Britanniques.

« Pour ceux qui l'ont déjà abordé, MKa a un parler difficile à cause d'une pauvreté de langage résultant d'un esprit fruste et d'un manque d'éducation et de pratique intellectuelles. Cela ajouté aux tripotages se révèle dans l'orthographe. MKa ne sait pas s'il devait utiliser un "C" ou un "K" pour Virginica ou Virginika », me fait-on remarquer.

<u>**Deuxième résolution**</u>
L'assemblée générale des associés approuve à l'unanimité la modification des statuts de la SPRL VIRGINIKA MINING ; notamment son article 8 et décide que dorénavant sera disposé de la manière ci-après :

Les parts sociales sont souscrites de la façon suivante :

- Moise KATUMBI CHAPWE, 405.000.000 FC soit 9000 parts soit 90% ;

- VIRGINICA INTERNATIONAL, 45.000.000 FC soit 1000 parts soit 10% ;

<u>**Troisième résolution**</u>

L'Assemblée Générale Extraordinaire donne mandat à Maître Hubert DUMBI de procéder aux formalités Notariales, de dépôt aux actes de Société que de la publication par extrait au Journal Officiel de la République Démocratique du Congo.

L'ordre du jour étant épuisé, la séance est levée.

Suivent les signatures des Associés.

Fait à Lubumbashi, le 30 octobre 2006.

POUR LA SPRL VIRGINIKA MINING

- MANKUMBWA YASUPA Godefroid   Moise KATUMBI CHAPWE

En février 2007, MKa disparaît de Virginika Mining SPRL. Il est remplacé par sa femme Carine Nahayo pour 20 % et par Virginika International (donc lui-même) pour 80 %.

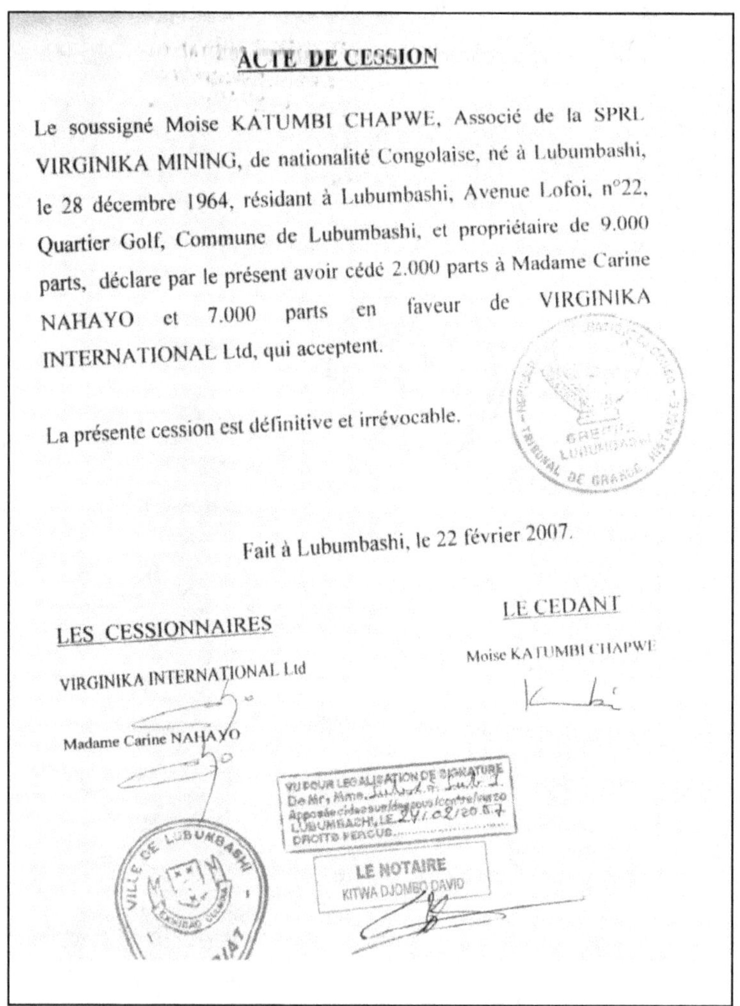

ACTE DE CESSION

Le soussigné Moise KATUMBI CHAPWE, Associé de la SPRL VIRGINIKA MINING, de nationalité Congolaise, né à Lubumbashi, le 28 décembre 1964, résidant à Lubumbashi, Avenue Lofoi, n°22, Quartier Golf, Commune de Lubumbashi, et propriétaire de 9.000 parts, déclare par le présent avoir cédé 2.000 parts à Madame Carine NAHAYO et 7.000 parts en faveur de VIRGINIKA INTERNATIONAL Ltd, qui acceptent.

La présente cession est définitive et irrévocable.

Fait à Lubumbashi, le 22 février 2007.

LES CESSIONNAIRES

VIRGINIKA INTERNATIONAL Ltd

Madame Carine NAHAYO

LE CEDANT

Moise KATUMBI CHAPWE

VU POUR LEGALISATION DE SIGNATURE

LE NOTAIRE
KITWA DJOMBO DAVID

Je note que l'épouse précédente, BETTI Katumbi avait déjà été le prête-nom pour des malversations à la banque belge KBC. La nouvelle épouse n'apportait pas de nouveauté.

La transaction est validée en assemblée générale.

VIRGINIKA MINING SPRL

Société Privée à Responsable Limitée
Siège Social - Lubumbashi NRC 9858.
Avenue Mahenge, n°8
Quartier Industriel
Commune Kampemba

ASSEMBLEE GENERALE EXTRAORDINAIRE DES ASSOCIES

L'an deux mille sept, le vingt deuxième jour du mois de février, s'est tenue à Lubumbashi, au siège social, l'Assemblée Générale Extraordinaire des Associés de la Société Privée à Responsabilité Limitée « VIRGINIKA MINING SPRL » en sigle V.G.K. SPRL dont les statuts ont été reçus en la forme authentique à l'Office Notarial de Lubumbashi, le treizième jour du mois de mai deux mille six, y enregistrés le même jour sous le numéro 22.566.

Sont présents ou représentés :

- Moise KATUMBI CHAPWE, propriétaire de 90% de parts sociales ;

- Société VIRGINIKA INTERNATIONAL Ltd, représentée par Madame Carine NAHAYO, Administrateur Délégué, propriétaire de 10% de parts sociales ;
- Madame Carine NAHAYO, Associée

Deuxième résolution

L'assemblée générale des associés approuve à l'unanimité la modification des statuts de la SPRL VIRGINIKA MINING ; notamment son article 8 et décide que dorénavant sera disposé de la manière ci-après :

Les parts sociales sont souscrites de la façon suivante :

- Madame Carine NAHAYO, 90.000.000 FC soit 2.000 parts soit 20% ;

- VIRGINIKA INTERNATIONAL Ltd, 360.000.000 FC soit 8.000 parts soit 80% ;

Troisième résolution

Madame Carine NAHAYO est nommée Gérante de la Société VIRGINIKA MINING SPRL conséquemment à l'article 18 des Statuts qui est ainsi modifié.

Quatrième résolution

L'Assemblée Générale Extraordinaire donne mandat à Maître Hubert DUMBI de procéder aux formalités Notariales, de dépôt aux actes de Société que de la publication par extrait au Journal Officiel de la République Démocratique du Congo.

L'ordre du jour étant épuisé, la séance est levée.

Suivent les signatures des Associés.

Fait à Lubumbashi, le 22 février 2007.

POUR LA SPRL VIRGINIKA MINING

Le 13 novembre 2006, renforcé par les \$US 14 millions payés par Anvil, MKa crée une société Offshore au Panama, selon David Leloup dans Mariane Belgique du 31/01/2014 :

Le nom GKMIC SA de cet offshore rappelle furieusement la Gécamines, voire la contraction phonétique de Gécamines et MCK. L'identité qu'a fournie Katumbi aux intermédiaires chargés de créer GKMIC n'est pas exactement celle qu'il utilise d'habitude, à savoir Moïse Katumbi Chapwe. Au Panama, il s'est enregistré sous le nom de Moïse Katumbi d'Agnano, une identité « secondaire » … Pour brouiller les pistes ?

MKa avait remplacé Soriano par d'Agnano pour devenir italien en 2000. Fausse identité. Dans sa demande de renonciation à la nationalité italienne, on devait remplacer d'Agnano par Katumbi qui serait son nom de baptême. On me dira :

C'est impossible qu'il ait été baptisé avec ce nom africain. Mobutu avait interdit les prénoms occidentaux après 1971. Les nouveaux baptisés recevaient des prénoms religieux à consonance africaine. C'est dire que son certificat de baptême présenté en 2016 ne serait pas authentique.

David Leloup poursuit :

L'adresse fournie par Katumbi dans les statuts de GKMIC – 8 avenue Mahenge à Lubumbashi – confirme définitivement, si besoin était, que la panaméenne lui appartient bien : il s'agit de l'adresse de sa société de transports Hakuna Matata..

Je note que c'est la résidence de fonction que lui avait fournie Katebe avant l'exil en 1991; par la suite la même adresse est utilisée pour loger d'autres entreprises créées par MKa. En 2016 MKa sera condamné pour escroquerie de cette même habitation revendiquée par un Grec .

David Leloup précise :

Katumbi est président de l'offshore. Les deux autres administrateurs de GKMIC – Ultra Mega Development S.A. et Fairfax Invest Corp. S.A. – sont de discrets et sulfureux offshores basés aux Îles Vierges britanniques, autre havre d'opacité et de clémence fiscale. Sulfureuses, car ces deux « sociétés de paille » ont été citées en lien avec un homme d'affaires colombien arrêté à Panama en 2008, puis extradé à New York en 2010 pour blanchiment d'argent de la drogue. Il a plaidé coupable.

Ainsi MKa a lancé et multiplié des sociétés offshore dans des paradis fiscaux… *« Certains appellent cela de l'optimisation fiscale, mais c'est pour échapper au fisc congolais »*, me dit-on. Il cessera de faire figurer son nom comme associé véritable et utilisera des sociétés-écrans comme Virginika International ltd.

KINSEVERE EST AGRANDIE

Le 20 décembre 2006, la concession de Kinsevere est élargie et bénéficie d'un accroissement de ressources minières. Ceci est consacré par un avenant au contrat de 2005.

CONTRAT N° 722/10525/SG/GC/2005

AVENANT N° 1

Entre :

LA GENERALE DES CARRIERES ET DES MINES, en abrégé "GECAMINES" et en sigle "GCM", entreprise de droit congolais, immatriculée au nouveau registre du commerce de Lubumbashi sous le numéro 453, dont le siège social est situé au 419 boulevard Kamanyola, BP 450, Lubumbashi, en République Démocratique du Congo, représentée aux fins des présentes par Monsieur **ASSUMANI SEKIMONYO** et Monsieur **Paul FORTIN**, respectivement Président du Conseil d'Administration et Administrateur-Délégué Général, ci-après dénommée « GECAMINES », d'une part ;

et

MINING COMPANY KATANGA, société de droit congolais, immatriculée au nouveau registre de commerce de LUBUMBASHI, sous le numéro NRC 8518, et ayant son siège social au n° 2955, Avenue LUMUMBA, Commune LUBUMBASHI à Lubumbashi, République Démocratique du Congo, représentée aux fins des présentes par Monsieur Moïse **KATUMBI**, Président, ci-après dénommée "MCK", d'autre part.

PREAMBULE :

1. Attendu que MCK a conclu avec GECAMINES le contrat n° 648/6743/SG/GC/2004 du 29/07/2004, relatif à la prospection des gisements du polygone de Kinsevere et de Nambulwa ;

2. Attendu que lors du bornage par GECAMINES, le gisement de Kinsevere s'est retrouvé dans le PE 528 et le P.R. 1058 ;

3. Attendu que MCK et GECAMINES ont signé en date du 08/12/2005, le contrat n° 722/10525/SG/GC/2005, relatif à l'amodiation des droits attachés au permis d'exploitation des gisements du polygone de Kinsevere (PE 528) et de Nambulwa (PE 529);

4. Attendu que MCK a sollicité de GECAMINES la correction du bornage pour que le gisement de Kinsevere puisse être exploité dans son entièreté ;

5. Attendu que GECAMINES et MCK se sont mis d'accord pour étendre l'amodiation au nouveau gisement en tenant compte des espaces prévues pour les infrastructures ;

Je note que Katumbi représente, seul, la société MCK. Il s'octroie la fonction et le titre de « président », alors que le gérant statutaire était Ignace Kitangu. *« C'est le signe d'une prise de pouvoirs et des fonds qui seront générés »,* me dit-on.

L'avenant étend le périmètre de Kinsevere. De même, le prix fixe (ou "pas-de-porte") est porté à $US 4.000.000.

Plus tard, et selon le site Congomines, qui dit n'avoir jamais vu les contrats, le montant aurait été porté à $US 15.000.000.

IL EST CONVENU ET ARRETE CE QUI SUIT :

Article 1

Le paragraphe 1 de l'article 2 du contrat est modifié de la manière suivante :
Le présent contrat a pour objet l'amodiation, des droits miniers attachés au Permis d'Exploitation couvrant les gisements de Kinsevere et de Nambulwa, à MCK.
Le gisement de Kinsevere (P.E. 528) est modifié suivant les nouvelles coordonnées géographiques en annexe.

Article 2

L'article 4.1 du contrat d'amodiation est complété comme suit :
Le montant additionnel de pas de porte est fixé à 4.000.000 USD (quatre millions dollars américains) non remboursable et payable à la signature du présent avenant.

Article 3

Les autres dispositions du contrat d'amodiation demeurent inchangées.

Le présent avenant entre en vigueur à la date de sa signature par les deux parties.

Ainsi fait à Lubumbashi, le .... 2 0 DEC. 2006 ...., en deux exemplaires originaux, chaque Partie en retenant le sien.

POUR LA GENERALE DES CARRIÈRES ET DES MINES

Paul FORTIN
Administrateur-Délégué Général

ASSUMANI SEKIMONYO
Président du Conseil d'Administration

POUR MINING COMPANY KATANGA Sprl

Moïse KATUMBI
Président

Mais pas de doute, MKa signe encore personnellement :

Moïse KATUMBI
Président

LE DEUXIÈME JACKPOT

Le 21 décembre 2006, c'est le lendemain de l'agrandissement de Kinsevere. Il y a eu davantage de ressources minières obtenues de la Gécamines, ce qui justifie davantage d'argent à payer à MKa. Alors que 1.000 parts dans AMCK avaient été vendues 14 millions, 1.500 parts le sont à $US 45 millions…

Le 8 janvier 2007, l'assemblée générale de AMCK approuve le rachat par ANVIL des 1500 parts de MCK.

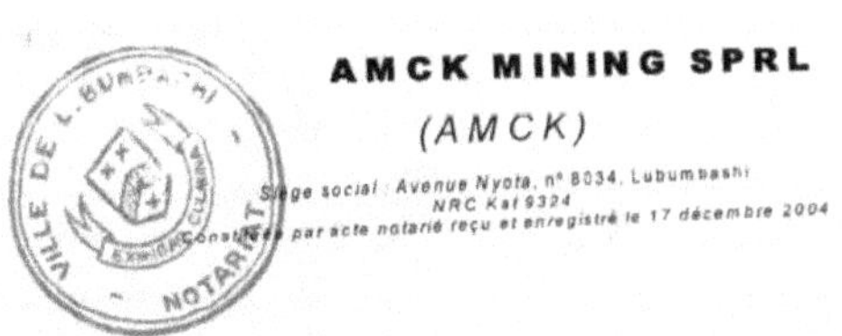

AMCK MINING SPRL

(AMCK)

Siège social : Avenue Nyota, n° 8034, Lubumbashi
NRC Kat 9324
Constituée par acte notarié reçu et enregistré le 17 décembre 2004

Procès-Verbal de l'Assemblée Générale Extraordinaire

L'an deux mille sept, le huitième jour du mois de janvier, s'est tenue à Lubumbashi l'Assemblée Générale Extraordinaire des associés d'AMCK MINING sprl (AMCK).

I.   Quorum :

Sont présents ou représentés :

1.   Anvil Mining Investments Limited, titulaire de 8.000 parts, par Monsieur Malcolm Hillbeck ;

2.   Mining Company Katanga sprl, titulaire de 2.000 parts, par Monsieur Ignace Kitangu Mazemba.

II.   Ordre du jour :

La séance est présidée par Monsieur Malcolm Hillbeck, qui rappelle que l'Assemblée Générale est appelée à délibérer sur l'ordre du jour suivant :

- Agrément d'une cession des parts
- Modification des statuts
- Nomination d'un nouveau gérant
- Changement du siège social.

IV. Résolutions

Première résolution :

L'Assemblée Générale donne son agrément à la cession par Mining Company Katanga de mille cinq cents (1.500) parts sociales au groupe des sociétés Anvil.

Deuxième résolution :

A la suite de cette cession des parts, l'article 6 des statuts est modifié comme suit :

« Article 6 : Les parts sociales ont été souscrites de la manière suivante :

1. *Anvil Mining Investments Limited :*   *9.500 parts sociales représentant 95.000.000FC*
2. *Mining Company Katanga sprl :*   *500 parts sociales représentant 5.000.000FC*

Chaque part sociale a été entièrement libérée et la somme de cent millions de francs congolais (100.000.000FC) se trouve à la disposition de la société. »

À ce stade Anvil totalise 9.500 parts et MCK 500 parts.

du				N° : 228
…de instance		Formulaire I		Date de l'imm 17/12/2008

Demande d'inscription complémentaire au Nouveau Registre du Commerce

Toute demande d'inscription complémentaire doit être accompagnée du titre justifiant l'immatriculation au R.C. du requérant.

NOM DU COMMERCANT : .... PRENOMS : ....

RAISON SOCIALE ou DENOMINATION DE L'ENTREPRISE : ACK Mining sprl.

OBJET DE L'INSCRIPTION (3) - DEPOT PV AGE DU 8/01/2007 AYANT COMME ORDRE DU JOUR : AGREMENT D'UNE CE PARTS, MODIFICATION DES STATUTS, NOMINATION D'UN NOUVEAU GERANT, CHANG SINGE SOCIAL, AVENUE DE LA REVOLUTION N°7409, COMMUNE DE LUBUMBASHI. MONSIEUR MALCOM MILLBECK EN QUALITE DE NOUVEAU GERANT.

Signature du requérant (1) (ou de son mandataire spécial)

Date du dépôt de la demande d'inscription au Greffe	Date du refus éventuel de l'inscription	Date de l'inscription complémentaire au R.C.	Signatu
24/08/2006	Cadre réservé au Greffier		

La transaction est déclarée au registre de commerce.

Le 8 janvier 2007, MCK approuve, en assemblée générale, la vente des 1.500 parts à Anvil, mais sans en indiquer le prix.

Procès-Verbal de l'Assemblée Générale Extraordinaire

L'an deux mille sept, le huitième jour du mois de janvier, s'est tenue à Lubumbashi l'Assemblée Générale Extraordinaire des associés de Mining Company Katanga sprl (MCK).

I. Quorum :

Sont représentés:

1. Champion Katumbi, mineur d'âge, titulaire de 500 parts sociales, par son père, Monsieur Moïse Katumbi ;

2. Mazemba Kitangu, mineur d'âge, titulaire de 500 parts sociales, par son père, Monsieur Ignace Kitangu Mazemba.

II. Ordre du jour :

La séance est présidée par Monsieur Moïse Katumbi, qui rappelle que l'Assemblée Générale est appelée à délibérer sur l'ordre du jour suivant :

*   Approbation du Contrat de Vente, d'Achat et de Cession daté du 21 décembre 2006 conclu avec AMCK Mining sprl (AMCK) et Anvil Mining Limited (ANVIL).

III. Examen :

Le Président de séance expose qu'en date 21 décembre 2006, la société a conclu un Contrat de Vente, d'Achat et de Cession aux termes duquel elle a cédé et transféré à ANVIL et AMCK respectivement:

-   quinze pourcent (15%) des vingt pourcent (20%) de parts sociales qu'elle détient dans AMCK ; et

-   tous ses droits, titres et intérêts ainsi que toutes ses responsabilités, obligations et devoirs aux termes du Contrat d'Amodiation No. 722/10525/SG/GC/2005) daté du 8 décembre 2005 tel que modifié par l'Avenant du 20 décembre 2005 conclu avec la GECAMINES.

Il y a lieu, par conséquent, que l'Assemblée Générale puisse approuver la conclusion dudit Contrat.

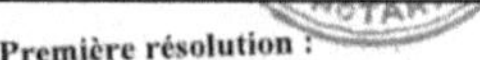

Première résolution :

L'Assemblée Générale approuve le Contrat de Vente, d'Achat et de Cession daté du 21 décembre 2006 conclu avec les sociétés AMCK et ANVIL.

Seconde résolution :

L'Assemblée Générale donne tous pouvoirs au porteur d'un ou plusieurs originaux des présentes à l'effet d'accomplir toutes les formalités légales d'authentification, de dépôt au Nouveau Registre du Commerce et de publication au Journal Officiel.

En foi de quoi, il a été dressé le présent procès-verbal en cinq exemplaires.

Pour Champion Katumbi, mineur d'âge

Pour Mazemba Kitangu, mineur d'âge

Son père, Moïse Katumbi

Son père, Ignace Kitangu Mazemba

Et pour bien marquer le couronnement du long parcours engagé depuis 2004, c'est MKa qui signe, en personne, le procès-verbal de l'assemblée, mais comme toujours, pour le compte de son enfant mineur.

Son père, Moïse Katumbi

MCK déclare aussi la transaction au registre de commerce :

Anvil précise dans un communiqué que le prix de $US 45.000 est payé avec $US 36 millions en cash et $US 9 millions par la remise de 872.093 actions de cette société cotée à la bourse canadienne de Toronto.

Voici ce communiqué, en anglais dans le texte :

Kinsevere Project (agreement has been reached to increase the Company's interest from 80 % to 95 %)

PERTH, Australia, Jan. 30 /CNW/ - Anvil Mining Limited (TSX, ASX : AVM), ("Anvil" or "the Company")

In early January, the Company entered into an agreement to acquire an additional 15 % interest in the mining rights for the Kinsevere-Nambulwa copper-cobalt deposits located 27km north of Lubumbashi, the provincial capital of the Katanga Province of the DRC. The additional interest will be acquired from Mining Company Katanga s.p.r.l. ("MCK"), a private DRC company that is Anvil's joint venture partner in the Kinsevere-Nambulwa project. Anvil's interest in the Kinsevere-Nambulwa Joint Venture will increase from 80 % to 95 % on closing of this transaction.

Terms of the agreement

Under the terms of the agreement, Anvil will pay a total of $45-million in cash and common shares for this additional 15-per-cent interest in the project, taking its interest in the joint venture to 95 per cent. The agreement provides for Anvil to make payments of $10-million in cash upon the signing of the agreement, $26-million in cash at closing and $9-million in common shares of Anvil Mining. A total of 872,093 common shares will be issued on closing at a price of $10.32 (U.S.) per share. When issued, the common shares will be subject to a four-month hold period in accordance with Canadian securities regulations.

"This is the second time in less than six months that we have acquired a further interest in the Kinsevere-Nambulwa copper-cobalt joint venture. This acquisition is consistent with our positive outlook for this project, and our expectation that this will be a large, long-term mining and downstream processing operation," commented Bill Turner, president and chief executive officer of Anvil Mining.

L'ABANDON DU NAVIRE MCK

Le 8 janvier 2007, MKa peut se frotter les mains. Mission accomplie : il a $US 61 millions en poche. Le véhicule a servi ; il n'en a pas besoin. MKa quitte MCK. On me dit aussi : *« Comme un délinquant qui efface les traces de son crime, MKa prend soin à ce qu'on ne puisse pas remonter à lui. C'est un procédé qu'on retrouve habituellement dans les opérations de blanchiment d'argent ».*

Les sociétés VIRGINKA et IKM, créées spécialement en 2006, remplacent les mineurs Katumbi et Kitangu.

PROCES VERBAL D' ASSEMBLEE GENERALE EXTRAORDINAIRE

MINING COMPAGNY KATANGA NRC 8518 IDN.6-12-N3995995B

SIEGE SOCIAL : 17 MUGUNZI,COMMUNE DE KAMPEMBA

L'an 2007 ,le huitième jour du mois de janvier s'est tenue une assemblée générale extraordinaire des associés de la Société Mining Compagny Katanga s.p.r.l(MCK en sigle) ayant son siége social sur l'avenue Mugunzi,17 commune Kampemba, inscrite au nouveau registre du commerce de Lubumbashi sous le n°8518 , société de Droit Congolais constituée à Lubumbashi dont les statuts ont été reçus par Le Notaire de la ville en date du 23/06/2001 sous n° 19637.Identification nationale 6-12-N3995995B.

Sont présents ou représentés

- Champion KATUMBI représenté par son père Moise KATUMBI
- MAZEMBA KITANGU Fredo représenté par son père KITANGU MAZEMBA Ignace

Invités

- IKM INVESTMENTS s.p.r.l NRC10053
- VIRGINICA MINING s.p.r.l NRC 9858

CONVOCATION ET REGULARITE DE L'ASSEMBLEE

Convoquée par Monsieur KITANGU MAZEMBA Ignace en vertu de l'art 21 des statuts,tous les associés reconnaissent avoir reçu au préalable la convocation contenant l'ordre du jour proposé.
Tous les associés déclarent solennellement et expressément renoncer à toute éventuelle action qui tiendrait à une quelconque irrégularité de cette assemblée.
Ainsi, l'assemblée déclare t-elle régulière sa tenue et décide qu'elle peut valablement siéger sous la présidence du gérant.

ORDRE DU JOUR

La présente assemblée a cinq points à l'ordre du jour :

- Retrait de l'associé MAZEMBA KITANGU Fredo et CHAMPION KATUMBI
- Adhésion dans la société des nouveaux associés.

RÉSOLUTIONS

- L'assemblée accepte le retrait des associés MAZEMBA KITANGU Fredo et KATUMBI CHAMPION,après la cession de leurs parts social à IKM INVESTMENTS SPRL et VIRGINICA MINING SPRL
- L'assemblée générale prend acte de l'entrée des nouveaux associés dans MINING COMPAGNY KATANGA SPRL.
- L'assemblée générale confirme la même répartition des parts soit 50% chacun des associés .
- L'assemblée générale confirme par la même occasion Monsieur KITANGU MAZEMBA Ignace comme Gérant de la société.

VOTE

Ces Résolutions sont adoptées par l'assemblée à l'unanimité et les articles des statuts sociaux Concernés sont modifiés comme suit :

Article six
La société est composée de deux associés
IKM   500 parts soit   50%
VIRGINICA   500 parts soit   50%

Les associés donnent pouvoir à Maître Clarisse KAYATA ,avocat prés la Cour d'Appel de Lubumbashi , pour faire notarié le présent PV de déposer au Greffe du tribunal de Grande instance de Lubumbashi , pour son inscription complémentaire et le faire publier au Journal Officiel.

Plus rien n'étant à l'ordre du jour ,l'assemblée lève la séance.

Fait à Lubumbashi, le08/01/ 2007.

IKM INVESTMENTS s.p.r.l

MAZEMBA KITANGU fredo

VIRGINICA MINING s.p.r.l

KATUMBI CHAMPION

Néanmoins, MKa pilote toujours toutes les opérations.
Une fois de plus, il signe personnellement le PV de sa sortie, et toujours au nom du fils qu'il déclare mineur.

KATUMBI CHAMPION

L'ART DE TOUT FRAUDER, TOUT LE TEMPS

Voici la composition des deux « jackpots » de MKa :

PAIEMENT total en $US	En CASH en $US	En valeur en US	TITRES nombre
2.300.000	2.300.000	0-	0-
14.000.000	10.000.000	4.000.000	602.410
45.000.000	36.000.000	9.000.000	872.093
$US 61.300.000	$US 48.300.000	$US 13.000.00	1.474.503
+ 5% de titres dans le capital de AMCK (ou 500 parts)			

Willy Kabwe, journaliste du Potentiel vante aussitôt, en février 2007, les "bienfaits" du pillage opéré par MKa :

Anvil Mining au service de la population katangaise
Kinsevere est le 3e projet d'exploitation et de traitement d'Anvil en RDC. La construction de la mine et des installations de traitement du cuivre et du cobalt a commencé en mai 2006 pour un coût de $US 35 millions. C'était une joint-venture dirigée par Anvil, qui détient 80 % des parts tandis que son associé local MCK détient 20 %. La première phase comprend une usine de concassage, une usine de séparation en milieu dense (HMS) d'une capacité de 50 mille tonnes par an et un four à arc électrique (EAF). Le projet devrait produire 23 à 25 mille tonnes par an de lingots de cuivre noir (d'une teneur en cuivre de 85 à 95 %). Le projet incorpore la modernisation d'une route de 27 km et la construction d'une ligne électrique de 120 Kva longue de 27 km. La deuxième phase comprendra la transformation de l'usine de traitement en une usine d'extraction par solvant et d'electrowinning (SXEW) d'une capacité de 60 mille tonnes de cuivre électrolytique.
L'actuel gouverneur élu du Katanga Moise Katumbi y avait investi, par le canal de son entreprise MCK, plus de $US 130 millions, représentant essentiellement la valeur du matériel roulant (poids lourds) de l'entreprise. C'était en partenariat avec Anvil Mining. Il faut souligner que c'est Anvil Mining, en partenariat avec MCK, qui a fait la prospection du site de Kinsevere avant de signer un contrat d'amodiation avec la Gécamines. Autrement dit, la Gécamines n'a jamais été dépossédée de son droit de propriété sur le site. Au contraire, Anvil Mining a toujours acheté les minerais produits sur le site au prix standard.

Et en plus, Anvil s'est toujours acquitté régulièrement de ses obligations contractuelles. Ce paiement mensuel représenterait dix fois la valeur de ce que les autres exploitants miniers versent à la Gécamines.

Puis le journaliste livre la destination des 5 % dans AMCK :

Depuis lors, Moise Katumbi a vendu ses parts à Anvil. Il ne resterait plus que 5 % que le nouveau gouverneur du Katanga entend verser comme capital dans une fondation à créer incessamment pour venir en aide aux populations démunies.

Un encadreur d'ONG me dit : *« on touche ainsi le mensonge, dès les premières heures de Kinsevere. Tout est faux : le prétendu investissement de MCK de $US 130 millions, ou la fondation à créer ».* Il ajoute : *« il se trouvera des gens pour admirer ou excuser les acrobaties de MKa, mais elles comportent et laissent beaucoup d'anomalies. Il y a d'abord un faux en écritures. MKa signe pour Champion qui serait encore un enfant mineur. Peut-être que cet enfant avait moins de 18 ans en 2004, lors de l'entrée dans MCK, mais tout porte à croire qu'en janvier 2007, Champion était devenu majeur. MKa ne pouvait plus signer comme tuteur et il avait besoin d'une procuration de Champion. Sinon, il avait commis un faux en écritures ».*

En 2007, Champion vit avec son frère Nissim à Southampton, Hampshire, SO14 en Grande-Bretagne. Le nom Katumbi apparaîtra sur le rôle électoral, ce qui indique que les deux enfants de MKa auraient la nationalité britannique.

La même année, Champion fait des virées à Lubumbashi : il drague les filles, roule en Hummer, poste sur son blog de Skyrock ses exploits amoureux, sa Ferrari jaune et sa bande d'amis jouant avec des armes de poing dans la maison de leur père. Il fait des reportages sur les aventures de son père, montre la mine de Kinsevere, le jet qu'il vient d'acquérir.

En 2007, Champion découvre mon article *« l'art de piller propre : Moïse Katumbi a opéré sous le couvert de Champion, son fils mineur ! »* Champion s'empare de mon texte, comme un trophée personnel et le poste in extenso sur son blog mr-katumbi.skyrock.com/7.html. Il va jusqu'à publier une carte de la « province du Katanga » rebaptisée « province du Katumbi ».

Le Katanga selon Champion, sur www.mr-katumbi.skyrock.com/5.html

Par la suite, le site fut fermé, sans doute après l'intervention de MKa que « *des personnes outrées ont alerté* » me dit-on.

J'ai noté cette analyse d'un avocat sur les relations entre le père et le fils. Il me dit : « *Il y a eu détournement. Moïse déclare avoir signé pour le compte d'un enfant mineur. Les dividendes de MCK ne lui appartenaient pas ; il était administrateur et il devait gérer les droits et les biens de son enfant, Champion. Il avait l'obligation de tout lui restituer à la majorité. Mais dans ses déclarations MKa dit que c'est lui qui a pris les 61 millions. Il a détourné les fonds revenant légalement à Champion… »* Un autre juriste parlera de « simulation ».

Et l'avocat de conclure : « *Ce n'est pas tout. Il y a un second détour-nement de MKa. Les documents montrent MCK comme une association 50/50 Katumbi-Kitangu. Mais Moïse déclare qu'il a empoché la totalité des ventes à Anvil. Normalement, les recettes devaient être partagées 50/50. Lorsque MKa déclare qu'il a empoché 61 millions tout seul, il dit publiquement qu'il a volé Kitangu… »*

Lors de ma descente à Lubumbashi, j'ai appris qu'Ignace Kitangu avait connu une mort brutale, suite à une crise de nerfs qui aurait été déclenchée par l'intransigeance de MKa lors d'un échange houleux où il aurait demandé la clôture des comptes de l'association, jamais réalisée depuis des années.

On me dit qu'« *il y avait eu plusieurs intervenants dans la plateforme de Twani SPRL ; ils avaient planifié les négociations avantageuses avec la Gécamines en 2003, mais le deal aurait été détourné pour MCK, et MKa tout seul. Il fallait un partage soi-disant équitable».*

Mon informateur précise : « *l'apport de Kitangu à MCK avait été déterminant, car c'est lui qui connaissait la haute valeur de la mine de Kinsevere, les arcanes et les relations internes dans la société. Comme cet ancien patron de la Gécamines ne pouvait pas divulguer ni faire profiter les secrets de la société, cela s'appelle un « délit d'initié ».*

Un enseignant me dit : « *dans cette affaire, le plus grand détournement de MKa a été commis au préjudice de MCK. Tous les documents montrent que c'est une société, et non un individu, qui avait obtenu des droits miniers de la Gécamines. C'est encore la société MCK, et non l'individu MKa qui fut associé, tour à tour, à 100 %, à 30 %, à 20 % et à 5 % dans la société AMCK MINING SPRL qui a reçu les gisements de Kinsevere. C'est aussi la société MCK, et non MKa, qui a vendu tour à tour 70 %, puis 10 % puis 15 % à Anvil Mining. C'est également à MCK, et non à MKa, que Anvil Mining a effectué directement et au nom de cette société, des paiements totalisant $US 61 millions. Les communiqués boursiers font foi et les PV d'assemblées générales ne parlent que de l'entité MCK. Cet argent devait atterrir directement et entièrement dans les comptes et les caisses de la société MCK ».*

L'enseignant poursuit : *« les profits d'une société sont vérifiés et validés par l'assemblée générale des actionnaires. Et c'est cet organe de l'entité qui décide l'affectation des bénéfices. C'est un passage obligé pour que les associés puissent obtenir, chacun et à titre personnel, l'argent qui est dans les comptes de l'entreprise. Les gérants et les associés d'une société qui prennent directement l'argent de l'entreprise commettent ce qu'on appelle un « détournement des biens sociaux ».*

Mes propres investigations indiquent qu'il n'y a jamais eu de décision, dans la société MCK, sur la destination des fonds et des valeurs reçus de Anvil Mining ni leur attribution aux associés nominaux, les enfants mineurs, ni à leurs parents.

J'ai personnellement découvert un faux en écritures comptables. Ma récolte de documents a montré que les parts sociales négociées et vendues dans AMCK Mining Sprl n'avaient pas été enregistrées dans les comptes de MCK.

« Les titres d'une société dans une autre firme sont des « actifs immobilisés», des valeurs de "portefeuille". La comptabilité indique toujours les versements pour des prises de participation ou le rachat de titres dans d'autres entreprises. Les valeurs quittent la caisse ou la banque pour les immobilisés incorporels ou portefeuille. Les ventes sont également enregistrées d'un côté , pour diminuer ou supprimer le portefeuille, et d'un autre côté, pour faire apparaître le profit ou la perte, qui ont été réalisés » commente un fiscaliste. Il me dit : *« tout a été fait au noir… Cette dissimulation des avoirs sociaux et des profits réalisés est une falsification des écritures comptables. Il ne s'agit pas d'"évasion fiscale", mais de "fraude fiscale", le seul crime qui avait permis de faire condamner l'illustre gangster Al Capone à l'emprisonnement ».*

L'actif du bilan au 31 décembre 2006 n'indique pas le portefeuille des titres encore détenus, aux côtés de Anvil, dans AMCK. Il s'agit de 1.500 parts ou 500 parts selon que la comptabilisation a été encodée fin 2006 ou début 2007, suivant les dates de validation de la transaction par les assemblées générales chez AMCK et chez MCK.

BILAN (Première partie)

Exercice du ⬜ ⬜ ⬜ au ⬜ ⬜ ⬜   Code pièce 0 6

N° COMPTE	DÉSIGNATION DES COMPTES	MONTANTS BRUTS	AMORTISSEMENTS ET PROVISIONS	MONTANTS NETS
20	Valeurs incorporelles immobilisées			
	IMMOBILISATIONS CORPORELLES			
21	Terrains	16 216 247,5		
22	Autres immobilisations corporelles			
23	Immobilisations corporelles en cours			
24	Avances et acomptes sur commandes d'immobilisations en cours			
	AUTRES VALEURS IMMOBILISÉES			45 75
25	Titres et valeurs engagés à plus d'un an	3 204 148,50		120 414
26	Prêts et autres créances à long terme			
27	Prêts et autres créances à moyen terme			
278	dont partie à encaisser à moins d'un an	19546 644,19	633 499 04	13847 76
	TOTAL des valeurs immobilisées			
	FONDS DE ROULEMENT (POSITIF)			
	VALEURS D'EXPLOITATION			
30	Marchandises	8 604 453,8		
31	Matières et fournitures			
32	Emballages commerciaux			
33	Produits semi-ouvrés			
34	Produits finis			
35	Produits et travaux en cours			
36	Stocks à l'extérieur	8		
	TOTAL des valeurs d'exploitation			
	VALEURS RÉALISABLES			50504
40	Fournisseurs, avances et acomptes versés	50504,00		
41	Clients			
42	Personnel			
43	État			
44	Propriétaires et associés			
45	Sociétés apparentées	514 590,00		514 590
46	Débiteurs divers			
47	Comptes de régularisation d'actif			
51	Prêts à moins d'un an			
52	Titres à court terme			
54	Effets et warrants à recevoir			635 09
55	Chèques et coupons à encaisser	635 094,0		
	TOTAL des valeurs réalisables			
	VALEURS DISPONIBLES			
56	Banques et institutions financières	1 11 837,1	6 334 440,04	
57	Caisse	3 0 070,		
	TOTAL des valeurs disponibles			18 102 638
	TOTAL GÉNÉRAL	24 377 729,8		

Certifié sincère et conforme aux règles du P.C.G.C.
Nom du signataire :
Qualité du signataire :

Mode d'évaluation. - Stocks
- Valeurs immobi...

Le passif du bilan au 31 décembre 2006 n'indique pas les profits réalisés avec la vente à Anvil de 1.000 puis de 2.500 parts selon que l'écriture comptable a été inscrite fin 2006 ou début 2007, sur la base des dates de validation de l'opération par les assemblées générales chez AMCK et chez MCK.

BILAN (Deuxième partie)

Exercice du ⎕ ⎕ ⎕ au ⎕ ⎕ ⎕   Code pièce 0

PASSIF

N° compte	DESIGNATION DES COMPTES	VALEURS A LA CLOTURE DE L'EXERCICE MONTANTS NETS	
10	CAPITAL	6.000,	
	- Capital		
	- Prime d'émission		
11	Réserve		
	- Réserves légales		
	- Autres réserves	(1.953.944,62)	
12	Report à nouveau	+ 404.944,34	
13	Résultat à conserver		
14	Plus-values et provisions réglementées		
47	Charges à étaler (à déduire)	4.953.866,33	
	TOTAL : SITUATION NETTE		
15	Subventions d'équipement	9.995.919,51	
16	Emprunts et dettes à long terme		
17	Emprunts et dettes à moyen terme		
178	dont partie à payer à moins d'un an		
18	Provisions pour charges et pertes		
	TOTAL de fonds propres et autres capitaux à long et moyen terme		
	FONDS DE ROULEMENT (NEGATIF)		
	DETTES A COURT TERME		
13	Résultat à distribuer	2.154.943,10	
40	Fournisseurs		
41	Clients, avances et acomptes reçus	52.753,4	
42	Personnel		
43	Etat		
44	Propriétaire et associés	159.009,9	
45	Sociétés apparentées	4.214,04	
46	Créditeurs divers	554.009,11	
47	Comptes de régularisation du passif		
50	Emprunts à moins d'un an		
53	Effets et warrants à payer	5.154.953,11	
56	Banque (découverts)		
	TOTAL de dettes à court terme		
	TOTAL GENERAL	16.953.933,16	

Certifié sincère et conforme
Nom du signataire

Un expert-comptable qui tient à garder l'anonymat me dit : « *Les comptes sont rapidement faits. La cagnotte se décompose en cash et en titres. Le cash devait se retrouver dans les comptes caisse ou banque. Les titres devaient être inscrits dans le compte des immobilisés incorporels.* »

Un membre d'une ONG de lutte contre la corruption est plus précis : « *Incontestablement, l'opération de Kinsevere a rapporté du profit net à MCK, qui n'avait rien investi ou dépensé de consistant. À l'époque, le bénéfice était imposable à 40 %. Sur les \$US 61 millions, \$US 24 millions revenaient au fisc, et c'est le solde de \$US 37 millions qui constituait le bénéfice net, après impôts. Ce n'est pas tout. Lorsque les associés se partagent les bénéfices d'une société, c'est après avoir payé un impôt mobilier de 20 %. Dans MCK, MKa devait payer un impôt supplémentaire de \$US 7,4 millions. Finalement, sur les \$US 61 millions, la RDC devait recevoir \$US 31,4 millions. MKa, sous couvert des enfants et de* *son associé, avait droit à un net de $US 29,6 millions ! Et encore, le partage 50/50 avec Kitangu ne lui laissait que $US 14,8 millions. Nous ne sommes pas contre l'enrichissement des gens. Les riches peuvent le rester, et s'enrichir davantage, mais avec de l'argent propre. Cette propreté est acquise après avoir honoré le fisc ! »*

Il conclut : *« MKa provoque. Il nargue le monde en bombant le torse et en se tapant la poitrine avec les paiements bruts de Anvil. MKa n'avait droit qu'à une partie du solde net ; tout le reste est de l'argent sale ».*

En 2014, le journaliste David Leloup de Marianne Belgique a abordé le deal avec Anvil Mining dans l'article « *L'offshore secret de Moïse Katumbi, gouverneur du Katanga* ». Il s'agit de la société panaméenne GKMIC S.A que Katumbi Moïse sous son passeport italien et le nom de d'Agnano avait créée le 13 novembre 2006 :

« Recours à un paradis fiscal opaque, identité « alternative », prête-noms douteux : la recherche de discrétion… est manifeste. A-t-il créé cet offshore pour mettre fiscalement à l'abri tout ou partie des 61,3 millions de dollars amassés lors de la vente de ses droits d'exploitation miniers ? Ou, s'agit-il tout simplement de l'utilisation légale d'un véhicule offshore, déclaré au fisc congolais, dans le cadre de ses affaires ? »

Je note que le journaliste suppose que l'opération Anvil avait été déclarée au fisc congolais. Mais Leloup avait été abusé, car MKa n'avait rien déclaré ni payé au fisc.

« MKa a fait pire. Il ne payait pas d'impôt, mais il se faisait payer sur le dos de l'État » selon un comptable de la société Gécamines. *« Pendant une partie de son mandat de gouverneur du Katanga, MKa convoquait notre directeur général pour lui dicter des commandes de transport et de génie civil, très coûteux et pas véritablement utiles pour nous. Il fallait que ses propres affaires tournent. De plus, MKa exigeait d'être payé intégralement et par priorité. C'était de l'extorsion de fonds. Comme la Gécamines avait de sérieux problèmes de trésorerie et de nombreux endettements, ces ponctions de MKa nous avaient affaibli ».*

UN PILLAGE "MACHIAVÉLIQUE"

S'il faut résumer, MKa n'avait pas les capacités financières et techniques pour exploiter une mine. Il n'en avait même pas le désir ; son seul but était de faire un « coup », comme on dit, et d'empocher de l'argent…

L'homme est un joueur, un frimeur, un spéculateur. Il ne manque pas de culot. En 2009, la BBC lui demande : *« Vous avez vendu une mine qui vous a rapporté beaucoup d'argent ? »*. Il répond *« Non, j'ai vendu mes actions sur une mine en location. J'ai eu 61 millions de dollars. Ceux qui racontent cela sont jaloux, car il y a des étrangers qui ont fait la même chose et qui ont gagné des milliards »*.

Dans un premier temps, il mise avec quelques frais personnels et il obtient la mine importante de Kinsevere. La disproportion avec le gain est telle qu'on peut dire qu'il a eu le cela gratuitement.

Dans un deuxième temps, MKa obtient un contrat léonin, qui dépouille la Gécamines. Il s'agit d'une location qui vide le gisement minier et qui ne rapporte à l'État-propriétaire qu'un pas-de-porte symbolique et, au maximum, \$US 61 millions, après épuisement de la mine au bout de 25 ans ; à peine un prix de vente des minerais de \$US 200.000 par mois.

Dans un troisième temps, MKa revend son contrat léonin à Anvil Mining qui lui remet \$US 61 millions ; autant que ce que la Gécamines encaissera en 25 ans… On m'explique : *« on n'obtient pas de telles conditions sans corruption. C'est tellement vrai qu'aucune compagnie minière "major" n'a contracté avec la RDC. Elles évitent de se mouiller ; c'est tellement clair… »*

Dans un quatrième temps, le caractère léonin valorise le contrat et en facilite la revente. *« Tous les premiers acquéreurs des mines ont revendu… grâce au format "pillage" et aux conditions exceptionnellement généreuses ; les clauses abusives sont maintenues malgré le changement d'exploitant… C'est ainsi que MKa a, lui aussi, installé le pillage dans la durée. Pour le pays, un tel personnage, qui ne pourrait renoncer à ses propres gains, ne peut que défendre les prédateurs »*.

J'avais écrit en 2007 que *« si l'on considère que la Gécamines, propriétaire de la mine, n'a touché qu'un million de dollars, alors que la vente de 15 % du capital a rapporté 45 millions de dollars américains, la valeur commerciale de Kinsevere représente une capitalisation de référence de 300 millions de dollars. Ceci signifie que la plus-value du patrimoine national qui a été détournée est de 30.000 %. De tels écarts élevés et anormaux caractérisent le pillage. »*

On peut aussi lire l'article 56 de la constitution congolaise :

Tout acte, tout accord, toute convention, tout arrangement ou tout autre fait, qui a pour conséquence de priver la nation, les personnes physiques ou morales de tout ou partie de leurs propres moyens d'existence tirés de leurs ressources ou de leurs richesses naturelles, sans préjudice des dispositions internationales sur les crimes économiques, est érigé en infraction de pillage punie par la loi.

Le schéma MKa est un spécimen des contrats miniers : les négociateurs de première heure obtiennent, moyennant corruption et d'autres abus, des mines et des contrats avantageux et disproportionnés ; ensuite ils revendent les avantages léonins en réalisant des profits élevés. On me dit :

« On devrait demander à Anvil Mining, si elle jouait sincère, si dans ses plans financiers, elle avait été disposée à débourser les mêmes $US 61 millions pour obtenir la même mine de Kinsevere mais en payant directement la Gécamines et l'État ! »

Mais il y a eu un système de corruption et de complicités en vue de détourner des fonds revenant à l'État (NB. La Gécamines est une entreprise de l'État congolais) pour le profit de quelques individus, dont Katumbi (MKa). Ceci montre que les investisseurs étrangers étaient au courant des magouilles congolaises et qu'ils les avaient acceptées ou suscitées.

« Ces investisseurs ne sont pas des innocents ; ils sont au cœur de la corruption » me dit un avocat d'affaires *« Tôt ou tard, tous ces contrats léonins pourraient être attaqués et annulés sur ce motif »*.

VIOLATIONS, VIOLENCES COLLATÉRALES

Au final, MKa a recyclé ses jackpots miniers pour s'installer au cœur du pouvoir politique comme gouverneur de province. Un activiste d'une ONG me dit : « *par la suite, MKa a pu étendre sa fortune avec les opportunités d'affaires dont il avait la primeur. Il y avait eu délit d'initié et, surtout, trafic d'influence. Cela a eu l'effet boule de neige. Cette conquête du pouvoir avec accumulation de la fortune est un vol à la collectivité nationale. Ce fut une sorte de coup d'État… »*

Il ajoute : « *lorsque le dirigeant politique est au pouvoir et qu'il est complice de magouilles, il est incapable de combattre le système dont il est la créature et le bénéficiaire. MKa avait déjà montré de la servilité de "bourgeoisie comprador" envers Anvil Mining lors des évènements de Kilwa ; il soutenait le massacre de ses propres frères bemba… du moment que le sang versé pour Anvil sauvegardait l'argent qu'il en attendait !»*

Les parures du pouvoir et l'argent facilement gagné par MKa favorisent des excès peu imaginables. Lorsqu'il fait visiter ses bureaux de gouverneur aux journalistes du Soft, MKa ridiculise et insulte son prédécesseur en disant : « *j'ai rétabli l'eau et la chasse d'eau de W.C. Le gouverneur sortant usait d'un seau d'eau pour faire ses besoins* ». Pareils détails étaient des insultes graves.

Un ancien PDG me dit : « *au lendemain de son installation au gouvernorat, MKa reçoit une demande de son ami Georges Arthur Forrest pour qu'il lui facilite la possession des mines de la Sodimico qui lui avaient été "données". MKa convoque le PDG de la Sodimico et lui intime l'ordre de céder les mines. Ce à quoi l'ingénieur répond poliment qu'il recevait ses ordres de Kinshasa !… MKa se fâche aussitôt et lui crie : « si vous résistez, je vais louer un avion, je vous ferai mettre dedans et je vous enverrai à Kinshasa rejoindre vos chefs… »*

On m'a remis comme autre preuve, cette lettre officielle de MKa, envoyée aux investisseurs pour qu'il en devienne le passage obligé, à la place du pouvoir central. La lettre est en anglais, alors que la langue officielle est le français :

RÉPUBLIQUE DÉMOCRATIQUE DU CONGO   Lubumbashi, le   1 3 NOV. 2007

N° 10/ ＊ - 2 0 4 9   /CAB/GP/KAT/2007

Transmis copie pour information à :

PROVINCE DU KATANGA
Le Gouverneur

Current and Future Mining Investors are Welcome in Katanga

Since the leak of a non-official report by the Commission appointed to review mining contracts and its very negative impact on the market capitalization of many of the mining companies active in the Katanga province, I would like to reiterate that responsible mining companies which have invested in Katanga or are about to invest, are very welcome in my province. The role of the Commission is to review mining contracts and their mandate is limited to making recommendations to Government.

The investment climate in the DRC, and in the province of Katanga in particular, has clearly improved over the last three years with the continuing assistance of international supporters such as the World Bank, which contributed to the revision of the mining code in 2002-2003, and other multilateral organizations such as the United Nations and the International Monetary Fund. Over the last two years, more than 2 billion dollars has been raised on the major international stock markets for the development of mining projects in the DRC and the restoration of mines abandoned for lack of investment during the preceeding period of uncertainty.

The current investment momentum in the province has taken several years to develop and I want to ensure that it continues to develop in a positive manner. As Governor of Katanga, I will do every thing that I can to promote a positive investment climate for responsible mining companies which operate according to internationally recognized standards and who undertake social programs which have a positive impact on the communities located in the region of their activities.

I encourage the mining companies to continue their investment programs in spite of rumours of a non-official document by the Commission reviewing the mining contracts. I reassure you that my role as Governor of the Province of Katanga is to preserve and further improve the investment climate which has taken several years to establish.

The Governor

Adresse : Av. Kasa-Vubu   ◆ *Celtel :09 970 11 982 - 09 980 10 775*◆
Commune - Lubumbashi   ◆ *Fax : (+243) 999 975 595*   ◆ *E-mail : gouprokatanga@yahoo.fr* ◆

Se prenant pour l'autorité suprême, Katumbi *« encourage les sociétés minières à poursuivre leurs programmes malgré… la Commission de révision des contrats… »*

En 2018, candidat déclaré à l'élection présidentielle MKa vantera son bilan de gouverneur en avançant les milliards encaissés comme taxes douanières ; mais celles-ci relevaient du gouvernement central et non de la province du Katanga.

Je note que l'épisode de MCK aura été comme un rite d'initiation, semblable au passage des adolescents à l'âge adulte. Certaines pratiques fétichistes consistent à briser les interdits, comme le viol de fillettes pour pouvoir ramasser davantage de minerais ou guérir du Sida. Avoir commis des interdits suprêmes libère de toute retenue à en commettre d'autres.

On me dit : *« c'est toute la problématique de l'impunité. Il ne s'agit pas d'une vague notion de morale ou de justice naïve, mais les personnes impunies s'enfoncent davantage dans le crime et elles se construisent de nouvelles normes de morale publique. C'est ainsi que le prédateur Nr 1- l'Israélien Dan Gertler – pour ne pas le nommer - se permet de déclarer à l'agence de presse Bloomberg qu'il mérite le Prix Nobel ! Il a bonne conscience d'avoir pillé le Congo en lui laissant des miettes, grâce à la mégestion et aux conséquences fatales sur la vie et le devenir des gens ».*

Je note aussi que MKa et Gertler ont des histoires communes. Après l'épisode où MKa avait menacé un PDG, le même patron, sans doute traumatisé, recevra en 2011 l'ordre de Kinshasa de revendre la mine de Sodimico dévolue à la société SMMK pour lever des fonds pour les élections…

Ce que dénoncera le député britannique Eric Joyce : *« Dan Gertler avait acquis SMMK pour $US 15.000.000, pour le revendre quelques semaines plus tard à ENRC pour $US 75.000.000… Les documents révèlent un schéma de corruption renversant en RDC. Ils soulèvent plusieurs questions graves au sujet du rôle du président et de son bon ami Dan Gertler dans des opérations conclues secrètement avec des sociétés fictives dont les propriétaires sont inconnus ».* Pour le député, le bradage minier avait causé une perte pour l'État congolais de $US 3,75 milliards.

« Tout le Pays pouvait être sacrifié pour des amis et complices prédateurs. Un exemple épatant de la "bourgeoisie comprador", de Nègres lèche-cul de prédateurs Blancs ou Jaunes » me dit-on.

Dans le livre *"The looting machine"* – Public affairs- 2015, Tom Burgis rapporte un exemple emblématique de la culture de pillage et de bourgeois comprador chez MKa.

En 2012, le Fonds Monétaire International (FMI) avait suspendu un programme de financement de $US 500 millions au Congo afin de faire pression sur le gouvernement de rendre public un des contrats léonins allouant des mines de cuivre à Dan Gertler.

Un cadre Gécamines me dit : *« Le gouvernement a prétendu que la Gécamines (qui avait cédé à un vil prix ses droits dans une mine de cuivre) était devenue une société privée et n'avait pas à répondre au FMI qui traite des intérêts de l'État. De son côté, la Gécamines a prétendu que le contrat était couvert par une clause de confidentialité. Et pour protéger l'Israélien, le secret d'une transaction douteuse et les intérêts des gens du pouvoir, la RDC avait perdu ce financement international ».*

Auparavant, en 2007, Peta Thornycroft de Business Report avait rapporté qu'*« en juin 2006, l'exploitant de la moitié de la mine de cobalt de Mukondo avait été convoqué en haut lieu pour qu'il vende sa part à Dan Gertler pour $US 60 millions, dont $US 8 millions auraient été versés à la campagne électorale ».*

Une année plus tard, Dan Gertler se disputa Mukondo, la mine de cobalt la plus riche au monde. On me dit :
« MKa utilisa la manière brutale pour que Gertler ne soit plus dérangé ; il tenta de faire arrêter le co-associé zimbabwéen blanc et de le livrer à la justice sudafricaine. Il se rendit à l'aéroport avec des journalistes et là, prenant le passeport, il y inscrivit de sa propre main : « L'INTÉRESSÉ N'EST PAS AUTORISÉ D'ENTRER EN RÉPUBLIQUE DÉMOCRATIQUE DU CONGO. Une brutalité dont il sera lui-même victime, dix années plus tard, avec ses propres passeports ».

En 2015, aussi. *« Dan Gertler envisage de racheter les 25 % que la Gécamines détient encore dans le capital de la mine de Kamoto, en échange d'une remise de dette. C'est un scandale, car la Gécamines se retirerait complètement de son plus beau joyau minier. Le projet a tout de suite été dénoncé par des ONG internationales, et il a été suspendu. En attendant, il fallait regarnir le dossier et rehausser l'image de Dan Gertler. L'Israélien investit dans une Fondation avec des réalisations sociales disproportionnellement insignifiantes. C'est là qu'intervient MKa pour lui préparer le tapis rouge menant à Kamoto. Il arrange la construction d'un pont sur le fleuve et ouvrant l'accès à la mine ; alors que le financement relève du gouvernement central, MKa endette la province, sans même l'aval de l'assemblée provinciale, pour justifier de pouvoir remercier Gertler et de dire qu'« heureusement, il y a des gens comme lui pour participer à la construction du pays ». Alors que la province ne manquait pas d'argent, MKa a arrangé que Gertler préside une inauguration hospitalière comme un grand bienfaiteur de la ville de Lubumbashi. Avec ces mises en scène, si jamais le pillage de Kamoto se concrétisait, MKa et ses médias diraient que Gertler était un homme de bien… »*

Mais en 2017, Gertler sera sanctionné par les USA. Éjecté de Kamoto, il fera un procès à son associé majoritaire, et sera imité par la Gécamines, l'associée minoritaire.

J'avais constaté que MKa avait levé une taxe provinciale sur les concentrés miniers. On m'a expliqué: *« MKa a arrangé un habillage pour exporter les minerais bruts dont il avait interdit la sortie en 2007. MKa allouait des carrières, même dans les concessions de la Gécamines, à ses amis étrangers pour dégarnir les gisements avec des pelleteuses, et jouir de l'exclusivité d'acheter les produits artisanaux. Les pierres de forte teneur, lavées et broyées par des artisans donnent une poudre de minerais bruts que MKa fit nommer « concentrés ».*

On me dit aussi: *« actuellement, MKa clame que le tonnage exporté serait le double de celui de l'ère de la Gécamines. Mais, il s'agit de "cuivre contenu". La Gécamines commercialisait des métaux raffinés. En appliquant le critère des minerais introduit par MKa, on s'aperçoit que la Gécamines produisait en réalité plus de 5 millions de tonnes de concentrés, 5 années du record sous Katumbi… »*

Un député m'a parlé des débordements de MKa. *« Déjà sans éducation ni de bonnes manières, l'argent l'a rendu fou. Superbement orgueilleux jusqu'à mépriser tout le monde et toutes les règles. Une fois, nous avions insisté pour que le gouvernement provincial nous apporte des explications. C'est le contrôle du parlement provincial ».*

Mon interlocuteur s'arrêta un instant pour regarder à gauche et à droite, comme s'il avait eu peur qu'on n'entende ce qu'il allait me dire. *« MKa s'est amené au Parlement, furieux. Il osa nous dire : "si vous insistez encore, vous allez voir. Je vais prendre mon avion et tous mes ministres, et nous irons en Afrique du Sud. On vous laissera ici, et on verra ce que vous ferez…" Cette violence verbale de MKa a marqué un hémicycle qui était déjà fragilisé par son président Gabriel Kyungu. On en arriva à ce que des députés ont été tabassés dans le hall du parlement pour avoir envisagé une motion hostile! »*

On me dit aussi : « *En octobre 2014, au Burkina Faso, un soulèvement populaire venait de déposer Blaise Compaoré son président qui envisageait de changer la constitution pour briguer un troisième mandat. En RDC, Kabila était suspecté de rester au-delà de son deuxième et dernier mandat constitutionnel. C'est dans ces circonstances très précises que selon RFI, MKa a évoqué un match de football avec deux penalties injustes avant que le troisième ne mène le public à protester et à descendre sur le terrain. On a pensé à une simple allégorie ou fable. Mais il testait sa manipulation des gens. MKa avait alors précisé que "la foule assemblée était plus nombreuse qu'au Burkina"... où la perspective du 3e mandat avait poussé les Burkinabés dans la rue pour faire chuter Compaoré... C'était de la provocation et de la subversion très maladroites.* »

Pour un autre interviewé : « *MKa exploite même Dieu. À la veille de chaque match de TP Mazembe, il demande de prier Dieu pour s'assurer la victoire. Il a dit : "seul Dieu a les yeux pour voir l'avenir. J'ai prié tous les jours en faveur de l'équipe. Remettons-nous à la prière pour franchir les obstacles ; tout est possible avec Dieu"* ».

Mais un chrétien s'est dit outré. « *MKa avait pris la parole après une messe qui avait été dite à la veille d'une rencontre importante de football. Et je l'ai vu à la télévision remettre dans l'Église un chapelet au capitaine de l'équipe et lui dire "avec ceci, vous gagnerez"* ».

J'ai noté que MKa avait demandé d'organiser des prières à midi pile. Comme pour l'Angelus des paysans du XVIIe siècle. Les gens devaient prier pour les élections et l'alternance politique, incarnée par lui-même... Peu après, il fit un accident de circulation, et le journal Le Potentiel de dire que « *MKa a eu la vie sauve grâce son appel à la prière...* »

J'ai ainsi noté que MKa avait gagné des galons grâce à de l'argent obtenu en dehors des normes légales, morales et patriotiques et que cet argent a accentué des méthodes et des comportements également hors des normes.

On me dit : « *Son père Nissim venait d'une île grecque. Pour les Grecs anciens qui ont fait la civilisation universelle, le plus grand péché était celui d'orgueil : lorsqu'on dépasse ses limites. MKa était hors des limites...* »

PARTAGE ET DÉMAGOGIE

J'ai principalement noté que tout le dossier MCK-Anvil sur Kinsevere avait été ficelé en marge de financements électoraux occultes.

Un cadre de la Gécamines se souvient : *« Dès le début 2004, des proches du pouvoir encadrent les contrats et les opérations minières, en particulier à la Gécamines, pour trouver des sources de financement politique. Les élections générales sont en vue. On sacrifie les intérêts supérieurs et à long terme pour le cash. Par la suite, chaque échéance électorale sera l'occasion de brader des ressources naturelles pour lever des fonds de campagne et élargir le clientélisme politique ».*

Il poursuit : *« ce climat pourri éclaire le parcours de MKa. On lui a facilité l'acquisition de Kinsevere pour que les paiements de Anvil Mining tombent à pic pour alimenter le parti présidentiel. On a sciemment favorisé un spéculateur et, même, dépouillé l'État ».* Bien loin des bonnes intentions de favoriser, selon Richard Muyej, une classe moyenne congolaise active dans le secteur minier.

On m'avait dit, lors de mon enquête de 2007. *« Par reconnaissance, MKa a puisé dans la cagnotte de Anvil pour remercier ses bienfaiteurs. Il a offert gracieusement plusieurs cadeaux de forte valeur, notamment une usine textile rachetée à un Grec et le ranch du plateau des Kundelungu, astucieusement volé à une famille belge ».*

Je comprends pourquoi le gouverneur de la province du Katanga s'est empressé à tracer une route d'accès au plateau.

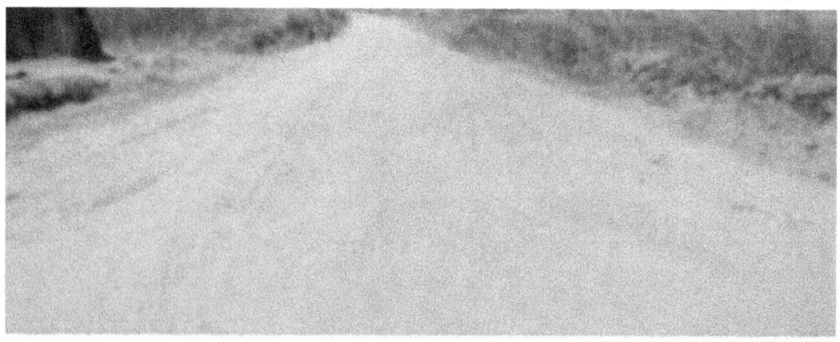

Route Minga menant au ranch de Kundelungu.
Photo de saisie d'écran sur le site katanga.gouv.cd

On m'avait aussi confié que MKa avait dit à ses proches qu'il
« dépenserait X % pour préparer son élection présidentielle… » On était
en 2007 ! On me dit : *« MKa a distribué de l'argent pour apparaître
favorablement dans les médias locaux et internationaux, accumulant le
pouvoir économique, le pouvoir politique, les filières religieuses et la couronne d'un club de football. Ces concentrations d'influences par une même
personne sont nuisibles à l'émancipation des gens et la démocratie. Il se
croit et on le croit le sauveur avec des solutions à tout. »*

C'est pour cette raison que j'ai choisi la citation de Benoît XVI :
de telles faveurs déifiées proviendraient des diables…

MKa avait organisé une tombola en tirant au sort des numéros
des cartes d'électeurs qui servent de carte d'identité, comme le
rapporte par Jean-Marie Yamukabo du journal La Prospérité
du 13 décembre 2006.

Depuis la confirmation des résultats provisoires des élections, l'honorable
Moise Katumbi Chapwe a voulu remercier ses électeurs. Respect des promesses électorales oblige. Il a préféré organiser une tombola populaire sou-
tenue par de grands prix dont 5 voitures, une vingtaine de motos ainsi que
divers articles de ménages et d'habillements. Pour conquérir un prix, il fallait retirer gratuitement un billet numéroté sur présentation d'une carte
d'électeur. La simplification des opérations a drainé le 1/3 de la population
de Lubumbashi. Cependant, la façon dont les prix étaient distribués n'aurait
pas répondu aux attentes des bénéficiaires. Si les opérations de lundi 4 décembre se sont déroulées normalement sur la grand-place de la poste, celles
de mardi 5 décembre 2006 au stade Mwanke de la Kamalondo ont dégénéré
en bagarre rangée. Le mur du stade s'est écroulé sous l'action des inciviques.
Tout a commencé vers 15 h00. Ayant constaté un désordre délibérément
créé par des mécontents, M. Moïse Katumbi avait ordonné l'arrêt des opérations et l'emballage des prix non remis encore aux bénéficiaires. D'où, un
soulèvement généralisé. Dans ce méli-mélo, les participants avaient assimilé
ce geste à un détournement de cadeaux offerts par l'honorable Moise
Katumbi. L'incident tournait alors au drame avec des blessés graves. Une
pluie avait de plus gâché la fête. Prise au dépourvu, la police n'a su mettre
un terme à l'anarchie d'autant plus que la foule avait tenu à lyncher M.
Adolphe Kabamba, d'ailleurs sauvé de justesse. Les forces de sécurité
n'avaient ni autorité sur la foule ni effectifs suffisants pour maintenir
l'ordre. L'incident a peut-être signé publiquement la fin de toute bonne intention de l'honorable Moise Katumbi vis-à-vis de ses électeurs.

CLIENTÉLISME POLITIQUE

MKa ajoute la politique à l'affairisme. La cagnotte de Anvil Mining lui avait assuré une visibilité médiatique et un gain pour les listes électorales du parti présidentiel PPRD, à la députation nationale, puis provinciale du Katanga.

MKa lui-même avait cité l'influence déterminante du Pasteur Daniel Ngoy Mulunda qui aurait facilité son retour d'exil en 2003. Cet homme avait dévoilé en 2005 au journal Le Softonline qu'il était le neveu de Laurent Désiré Kabila, ce qui en faisait le cousin du Président dont il aurait été le guide spirituel. Ngoy déclara au Softonline : *« Je suis de ceux qui avaient conseillé à Joseph Kabila de créer le PPRD, le parti présidentiel »*.

Un observateur a noté que c'est *« par une incroyable fraude de casting que Ngoy Mulunda, apparenté et partisan, a été porté à la tête de la Commission Électorale Indépendante pour assurer la réélection de Joseph Kabila en 2011. Ni l'opinion publique, ni les ONG ou l'opposition n'avaient objecté. Ils étaient tous aveugles ou manipulés »*.

La même année des révélations du Soft, Anvil Mining acquiert la mine de Kulu appartenant à la Gécamines à Kolwezi, en rachetant les droits du portugais Demoura. Mais une dispute surgit avec un autre acquéreur, l'indien Chemaf. Ils vont au tribunal. MKa intervient pour trancher le cas, avec le même pasteur Ngoy Mulunda. L'arbitrage pèsera dans les avoirs de Anvil Mining lors de la revente aux Chinois.

Radio Okapi du 28 juillet 2005 détaille cet arrangement.

Dénouement dans l'affaire qui oppose depuis près de deux ans Anvil Mining et Chemical Africa au sujet de la carrière de Mutoshi de Kolwezi. Ces deux sociétés minières installées au Katanga prétendaient détenir chacune un permis d'exploitation délivré par la Gécamines, propriétaire de la carrière. Un compromis a été finalement trouvé. Dans un premier temps, la Gécamines avait délivré un permis d'exploitation à la société Demoura. Dans un deuxième temps, celle-ci l'a revendu à Chemical Africa et Anvil Mining. Dans l'entendement de Demoura, l'une devait exploiter les minerais de surface, l'autre ceux du sous-sol.
Mais voilà. Les deux sociétés réclameront chacune l'exploitation du sol et du sous-sol de la carrière. Les avocats des deux parties n'arriveront pas à la

même lecture des termes du contrat. Il s'en était suivi une bataille juridique qui a duré deux ans. L'affaire finit par avoir des répercussions sur d'autres investisseurs du secteur minier. Ces derniers affirmaient que la RDC ne garantissait pas de sécurité juridique des capitaux étrangers. Les uns ont gelé leurs avoirs, les autres ont simplement renoncé à investir.

Aujourd'hui, un compromis est trouvé. Les deux protagonistes exploiteront conjointement cette mine jusqu'en mars 2006. À partir de cette date, seule Anvil Mining exploitera le sol et le sous-sol. Chemical Africa, elle, aura une compensation d'un million de dollars américains. Quitte à la Gécamines de lui trouver un gisement analogue par la suite.

La médiation a été menée par le pasteur Ngoy Mulunda de l'ONG Paix et Réconciliation et Moïse Katumbi Chapwe, homme d'affaires.

Début 2007, on retrouve le pasteur Ngoy Mulunda dans les couloirs du parlement provincial du Katanga qui doit élire le gouverneur de province. Radio Okapi rapporte les manœuvres en coulisses, en ces termes :

Désaccord au sein de la coordination provinciale de l'Alliance pour la majorité présidentielle (AMP). Le Pasteur Ngoy Mulunda a affirmé que Moïse Katumbi a été choisi comme candidat unique au gouvernorat du Katanga. Cela a été approuvé par Joseph Kabila, chef de file de l'AMP. Mais coup de colère de Kibwe Kikudji, membre de l'AMP et candidat vice-gouverneur. Pour lui, il s'agit d'une manipulation politique ; il ne voit pas comment le président de la République peut appuyer un candidat, car les élections sont ouvertes à tous. Le Pasteur Ngoy Mulunda n'a pas fait de commentaire, se réservant le droit de porter plainte contre Kibwe Kikudji pour propos diffamatoires.

« C'est sous la supervision de Ngoy Mulunda, installé dans l'hémicycle, que le candidat unique Katumbi est élu le 27 janvier 2007 par 93 voix contre 5 à son challenger de l'opposition Mr Théodore Ngoy et 5 abstentions. MKa, candidat unique, fut désigné par une assemblée de 103 personnes. MKa proclamera qu'il avait été élu démocratiquement par le peuple du Katanga, comme s'il s'agissait d'un suffrage universel direct. Encore un mensonge du personnage », m'a-t-on dit.

LA ZAMBIE A LA MÉMOIRE LONGUE

De l'autre côté de la frontière, la Zambie suit l'ascension du « fugitif » Katumbi. Le journal Times of Zambia écrit :

La Task Force anti corruption est à la recherche de l'ancien patron de Chani Fisheries, Moïse Katumbi, pour des infractions civiles et criminelles dépassant 151,2 milliards de Kwacha (monnaie zambienne) ou $US 36 millions). Katumbi est recherché aussi pour être interrogé sur la commande d'armes appelée communément "B.K. Facility", qui a fait perdre à la Zambie $US 20 millions (Kwacha 84 milliards) parce que le contrat n'a jamais été honoré. D'autres enquêtes de la Task Force visent l'implication possible de Katumbi dans un marché de maïs de Kwacha 53 milliards et dont une partie des grains a été détournée pour des profits privés. Katumbi est aussi visé dans le détournement de 17,2 milliards de Kwacha destinés à financer Tamba Bashila et Chani Fisheries, des entreprises qu'il détenait et qui sont actuellement saisies.
La Task Force veut aussi que Katumbi explique ce qu'il est advenu des $US 50.000 qu'il avait reçus de la Zamtrop Account le 8 janvier 1999.
Le porte-parole de la Task Force dit que Katumbi devrait se livrer lui-même pour clôturer ces dossiers. Le président de la Task Force, Mr Max Nkole a précisé que les dossiers qui impliquent Katumbi sont à la fois civils et criminels et qu'ils sont toujours ouverts.
Ces dossiers incluent les biens saisis par la Task Force anti-corruption: camions de MCK dans la province de Copperbelt, Mansa Milling, Tamba Bashila et plusieurs autres biens en cours d'analyse devant la Haute Cour de Zambie.
Katumbi, qui serait devenu le gouverneur d'une des provinces de la RD Congo, aurait récemment déclaré qu'il viendrait en Zambie pour une réunion mixte des représentants des deux pays.

Mais côté congolais, on ne lit pas les journaux zambiens. Les enquêtes zambiennes passent totalement inaperçues. MKa, lui, est bien informé sur son sort ; alors, il désinforme davantage ; il multiplie les annonces et les interviews triomphalistes.

Normalement, il devait attendre un mois pour que son élection comme gouverneur de la province du Katanga soit validée par le chef de l'État. MKa est finalement investi par l'Ordonnance présidentielle n° 07/002 du 24 février 2007. Mais il lui fallait deux mois supplémentaires pour qu'il élabore et présente un programme de gouvernement et une équipe de dix ministres à l'approbation de l'assemblée provinciale. Ce sera fait le 9 mai 2007, après investiture par l'assemblée provinciale.

C'est alors que, subitement, MKa s'installe à la tête de la province dès le lundi 5 mars 2007. C'était abusif.

La Radio Okapi a rapporté le cas similaire du gouverneur du Kasai-Occidental qui avait pris ses fonctions sans avoir été investi par l'assemblée provinciale et comment une haute juridiction avait nié la qualité d'un gouverneur non investi.

Le gouverneur Trésor Kapuku avait été frappé par une motion de défiance par l'assemblée provinciale. Le gouverneur déchu avait introduit un recours auprès de la Cour d'appel de Kananga qui, lors d'une séance publique le 21 juin de la même année, décida de saisir à son tour la Cour suprême de justice. Et plus de trente jours après, la haute cour prononça son verdict : la motion de défiance contre Trésor Kapuku était inconstitutionnelle. Elle avait péché contre les articles 146 et 148, alinéa 6 de la Constitution. La Cour suprême reprochait aux députés provinciaux du Kasai-Occidental d'avoir voté une motion contre un gouverneur dont le gouvernement n'avait pas encore été investi.

MKa n'avait pas non plus attendu d'être investi légalement au mois de mai 2007.

Sa précipitation avait une cause : la Zambie.

LE MANDAT D'EXTRADITION

Entre la Zambie qui a une mémoire d'éléphant et MKa, étoile émergente, s'engage une course contre la montre. Celui-ci a l'avantage que l'opinion publique ignore tout de ses démêlés passés et en cours avec la justice zambienne.

La Zambie envoie à Kinshasa une demande d'extradition de MKa. En réaction, MKa s'empresse de s'auto-investir gouverneur investi et s'empare du pouvoir, des médias et d'un semblant d'immunité politique. Parmi ses premiers actes, il se rend à la frontière pour interdire l'exportation des minerais bruts vers la Zambie où ils étaient raffinés. Il brouille les cartes : le coupable va devenir procureur, puis la victime.

Au Congo où l'on ignore la demande d'extradition, on admire le courage politique de MKa. L'opinion compte les points, comme les buts d'un match de football. Mais me dit un député : *« on oublie surtout que les exportations de brut étaient déjà interdites par le code minier ; la mesure ne relevait pas non plus des prérogatives d'un gouverneur, et encore moins d'un gouverneur auto-investi »*.

Lorsque la demande d'extradition est connue, c'est la stupeur. Les journaux répandent la version du gouverneur selon laquelle son dossier zambien venait d'être inventé de toutes pièces pour réagir contre l'interdiction d'exporter les minerais bruts. Et, par la suite, la cause et les effets seront inversés. *« C'est un cas d'école de désinformation »*, ajoute le député.

Un activiste des droits de l'Homme avait analysé les règles applicables. *« Selon les normes communautaires dans l'espace SADC (Communauté de développement d'Afrique australe), le mandat d'extradition ne pouvait être exécuté dans un autre pays que s'il s'agissait d'un ressortissant du pays demandeur. Cette demande d'arrestation apportait une preuve supplémentaire que l'individu était considéré par la Zambie, comme citoyen zambien. »*

À l'époque, la presse indique que MKa a la double nationalité zambienne et congolaise. Mais ne précisent pas qu'il lui était interdit de postuler et d'exercer des fonctions électives.

Un député d'opposition d'origine européenne, Jacques Cha-lupa, sera poursuivi et condamné à la prison pour usurpation de la nationalité. Pour l'activiste, *« le cas MKa était plus grave, parce que non seulement il a pris l'argent des mines et un mandat de gouverneur de province, mais il a aussi des passeports étrangers »*.

Voici le film de cette mini-guerre Katumbi-Zambie.

Le 22 février 2007 le vice-President zambien Rupiah Banda annonce au parlement de Lusaka que MKA, quoiqu'élu gouver-neur au Katanga, serait arrêté s'il venait en Zambie, parce qu'il était toujours poursuivi par la Task Force anti-corruption. La presse zambienne traite ce sujet.

Le 5 mars 2007, MKa s'auto-investit gouverneur du Katanga.

Le 7 mars 2007, l'AFP révèle l'info qui avait poussé MKa à faire de la diversion en s'auto-investissant gouverneur pour faire la guerre aux minerais bruts destinés à la Zambie :

La Zambie a demandé à la RDC d'extrader le gouverneur de la province du Katanga. Katumbi est accusé de corruption et détournement de fonds pu-blics. Max Nkole, chef de l'unité spéciale de lutte contre la corruption, a déclaré que le ministère zambien des Affaires étrangères avait transmis la requête à Kinshasa afin que Moïse Katumbi, qui a la double nationalité zambienne et congolaise, soit extradé le plus rapidement possible.
Katumbi est accusé d'avoir détourné des fonds publics lors de contrats né-gociés avec son proche allié, l'ancien président zambien Frederick Chiluba (1991-2001), lui-même inculpé pour plusieurs affaires de corruption et de détournement de fonds publics. Les affaires et les biens de Katumbi en Zambie, qui comprennent une pêcherie et des minoteries, ont été confis-qués au profit de l'État après sa fuite en RDC il y a environ trois ans. Katumbi est aussi accusé d'une fraude au détriment de l'État zambien d'un montant d'environ 25 millions de dollars lors d'un accord d'armement ap-prouvé par l'ancien chef d'État.

MKa échappera à la prison grâce à un coup de pouce de Joseph Kabila. C'est lui-même qui l'a révélé à Christian Momat de Ka-tanganews :

Mon seul souhait est de travailler pour le président de la République et je devais rester fidèle à l'homme qui m'a rappelé au pays. Lorsqu'il y a eu des problèmes en Zambie, le président pouvait me livrer, me sacrifier. Mais il m'a protégé jusqu'à la fin. Ce n'est pas moi qui le trahirai.

Le 16 mars 2007, MKa interdit les exportations des minerais vers la Zambie. Mais dans la capitale congolaise, on traite avec complaisance et machination le double dossier d'extradition et d'exportation de minerais bruts. Pour l'activiste des droits de l'homme : *« alors que l'individu n'est ni gouverneur en titre, ni habilité à prendre de pareilles mesures, la priorité à Kinshasa était de sauver le "soldat" MKa. Ses cadeaux avec l'argent de Anvil, étaient encore frais et juteux, avec l'odeur de l'argent. »*

Radio Okapi et l'AFP relatent cet épisode.

Katanga : interdiction d'exporter les minerais à l'état brut

(RADIO OKAPI). La décision est du gouverneur de province, Moïse Katumbi Chapwe. Celui-ci évoque le faible contrôle des services de l'État et la fraude dans la déclaration des tonnages transportés. Les opérateurs miniers, pour leur part, regrettent qu'il n'y ait pas eu concertation avec l'autorité avant la prise de la décision. Le communiqué annonçant la décision a été rendu public. Ce, à la suite d'une visite surprise effectuée le même jour aux postes de péage et à Kasumbalesa. Le constat fait sur place est que des dizaines de camions chargés de minerais bruts quittent le Katanga sans être en règle de paiement des taxes. D'autres déclarent de faux tonnages. Pour le gouverneur de province, cela constitue un manque à gagner pour l'État congolais. En attendant le renforcement des mécanismes de contrôle et conformément au code minier congolais, l'exportation des minerais à l'état brut est interdite, sauf autorisation conditionnée du ministre des Mines. Les opérateurs miniers pensent que le gouverneur aurait dû les consulter. Notamment pour définir ce qu'il faut entendre par minerai brut. Les services de péages indiquent qu'aucun camion de minerai n'est plus sorti de Lubumbashi. Ce n'est pas la première fois que le gouvernorat du Katanga interdit l'exportation de minerai brut de la province, mais l'exécution de la décision pose toujours problème. Entre-temps, le coordonnateur du péage au Katanga a été relevé de ses fonctions sur décision du gouverneur du Katanga.

Exportations de minerais bruts

KINSHASA (AFP) - Le gouverneur de la riche province minière du Katanga, Moïse Katumbi, a annoncé le 16 mars le gel des exportations d'hétérogénite -- c'est-à-dire de minerais mélangés à la teneur variable en cuivre et en cobalt-- qui étaient jusqu'à présent exportés sous cette forme brute avant d'être traités et transformés dans des usines essentiellement sud-africaines et zambiennes. En déplacement au Katanga, le ministre congolais des Mines, Martin Kabwelulu Labilo, a soutenu la décision du gouverneur du fait du "faible contrôle" des services de l'État sur les exportations et de l'importance de la fraude, notamment au niveau des "déclarations des tonnages transportés. "Nous sommes conscients des désagréments causés à certains partenaires, mais ils doivent comprendre qu'on doit lutter contre la fraude et les exportations illégales", a déclaré à l'AFP Alexis Mikandji, directeur de cabinet du ministre des Mines. "La loi congolaise n'autorise que de manière exceptionnelle l'exportation de minerais bruts. Cette exception est devenue la règle. C'est inacceptable pour l'État congolais", a-t-il ajouté. Les experts du secteur minier en RDC estiment que 90 % des exportations de minerais échappent au contrôle douanier. "Mais même sur les 10 % restant, tout n'est pas régulier. Il existe en RDC des possibilités de traitement des minerais et c'est ce que nous voulons encourager et développer", a expliqué M. Mikandji.

Le 20 mars 2007, Shapi Shacinda de Reuters annonce qu'à son tour la RD Congo demande l'extradition de Zambiens :

Le Congo a demandé à la Zambie de lui extrader un certain nombre de gens pour répondre d'accusations non précisées, cela une semaine après que la Zambie ait décidé de poursuivre en justice un officiel Congolais pour corruption. Ces demandes d'extradition de la part des deux pays sont la conséquence de la décision prise il y a deux semaines par le gouverneur congolais Moïse Katumbi de bloquer les camions transportant en Zambie des minerais de cuivre. La Zambie recherche Katumbi pour répondre d'accusations de corruption.

Vernon Mwaanga, le ministre zambien de l'information a dit que la RDC a écrit à son gouvernement pour demander l'extradition de certaines personnes vers le Congo. « Nous avons échangé les listes de personnes qui doivent répondre d'accusations ici, et de celles que les Congolais veulent interroger » a dit Mwaanga, mais il a refusé de donner des détails sur les crimes que des Zambiens auraient commis en RDC. Mwaanga a déclaré aussi que la Zambie et la RDC discutaient de la réouverture de la frontière pour que les camions livrent le cuivre aux raffineries zambiennes. « Pour le moment, nous ne voulons pas que ce dossier soit public, car nous ne voulons pas qu'il empoisonne les bonnes relations entre la Zambie et le Congo. » Des officiels congolais du secteur des mines de cuivre ont dit que la décision de Katumbi d'arrêter l'exportation des minerais vers la Zambie préjudiciait les firmes minières étrangères. Katumbi avait pris cette mesure en citant les règlements miniers en RDC qui disent que les minerais bruts de cuivre et de cobalt ne pourraient être exportés que s'il n'était pas possible de les traiter sur place.

Finalement, les poursuites ont été arrêtées suite à un règlement amiable avec le gouvernement zambien, par lequel MKa a payé la valeur de ce qu'il avait volé.

De son côté, MKa a retiré ses propres plaintes de diversion qui réclamaient à la Zambie 7 milliards de Kwacha, sous prétexte de dédommagement des saisies qu'il avait subies.

Selon l'AFP :

La Zambie a abandonné ses poursuites contre Moïse Katumbi, gouverneur du Katanga qui a la double nationalité zambienne et congolaise.

" Toutes les plaintes et procédures en cours ont été abandonnées après une résolution fructueuse des problèmes", a indiqué le procureur général Mumba Malila.

Il l'accusait d'avoir détourné des fonds publics lors de contrats d'armement négociés avec son proche allié, l'ex-président Chiluba (1991-2001), lui-même inculpé pour plusieurs affaires de corruption.

L'accord permet à M. Katumbi "de revenir en Zambie pour y faire des affaires, légales, s'il le juge approprié", selon le communiqué.

En échange, le gouverneur a cédé au gouvernement zambien les biens qu'il détenait dans ce pays, et estimés à environ 2 millions de dollars.

Le site Zamnet a livré les détails des biens que MKa a remis au gouvernement, en paiement de ce qu'il avait volé :

Les deux millions de dollars comprennent la société Chani Fisheries, 80 % d'actions dans l'entreprise Mansa Milling Company Limited, la parcelle de Mulungushi Traveller nr NDO/4083/12 à Ndola, la parcelle de Mansa Milling Company nr 07/410, un groupe électrogène Caterpillar, des véhicules, des motos, un jet ski, des camions, des bulldozers, des containers frigorifiques, des fauteuils, des chaises et des tables, des imprimantes, 53 kilos de poisson Buka, 7 kilos de poisson Tubombola, 11 kilos de poisson Imbowa…

Il y avait aussi des pierres précieuses que MKa avait déposées dans une banque et qui avaient été saisies en 2002. Ces pierres précieuses ont été libérées par le gouvernement zambien. C'étaient des émeraudes.

En 2007, Radio Okapi a interrogé MKa à ce sujet :

Radio : Et vos émeraudes sont de quelle valeur ?

MKa : Quand on les avait évaluées, on les avait estimées à 13 millions de dollars américains.

Radio : Vous irez les récupérer ?

MKa : Vous savez, je ne suis pas pressé, ça peut rester encore 5 ou 10 ans, ça ne va pas fuir. Ce sont des pierres qui sont là. Si un jour je rentrais, je les vendrais pour faire un peu de social avec cet argent, parce que c'était de l'argent déjà perdu. Dieu merci, je vais récupérer au moins cet argent qui peut aider à faire beaucoup de choses dans ma province. Est-ce qu'on va m'enterrer avec ces 13 millions de dollars ? Jamais. Il vaut mieux les consacrer au bien de la population.

« Ainsi, MKa reparle de générosité. Les émeraudes récupérées en Zambie s'ajouteraient aux 5 % de parts sociales dans le projet de Kinsevere. Mais on n'en entendra plus jamais parler », m'a-t-on confirmé.

J'ai noté que MKa ne parle pas de Raphaël Katebe Katoto qui était le véritable investisseur en Zambie où il exploitait des émeraudes. Comme avec Betti Katumbi pour la banque KBC à Bruges, en Belgique, MKa aurait été lui-même un prête-nom de son frère pour brouiller les pistes et tenter d'échapper à la Justice zambienne.

MONSIEUR 30 %, POUR "LA FAMILLE"

En 1991, c'était Raphaël Katebe qui avait transplanté et développé ses entreprises en Zambie. Il y amena ses petits frères. Malin, il avait changé les noms des Ets Katebe en Chani Fisheries, et il mit certaines affaires au nom de MKa, pour les protéger des conséquences prévisibles de malversations.

Mais à entendre MKa, depuis leur exil, toutes les affaires et initiatives politiques avaient été ses œuvres personnelles. Il ne laisse aucune place à son frère Raphaël. Effectivement, après avoir fui la Zambie, le "riche" Katebe n'y avait laissé plus rien de visible. Lusaka a dû se rabattre sur des entreprises et des biens qui étaient au nom du petit frère et "riche" MKa.

On me dit : *« on ne peut pas croire que Raphaël n'avait plus rien en Zambie, et que MKa avait gagné seul tout cet argent. MKa était son prête-nom à la banque KBC, avec les émeraudes et les entreprises »*.

Je note qu'à son retour d'exil, MKa n'avait pas de fortune personnelle ; son seul abri possible fut la villa en construction de son frère. Je note aussi qu'en 2010 il avait parlé à la presse zambienne, non pas de sa propre fortune, mais de *« ce que ma famille possède en RDC »*. Il y avait des rôles dans sa famille.

On me dit : *« En août 2010, MKa nous avait convoqués, non pas au gouvernorat, mais à Kenya, une des cités démunies, mais qui héberge ses fanatiques appelés "100 %". MKa nous a obligés de financer le bitumage de rues de notre quartier industriel. On était quelques dizaines de chefs d'entreprises. Il a dicté à chacun ce qu'il fallait payer. Un vrai dictateur. Et pour nous rassurer, il s'est permis de dire qu'on paierait directement l'entrepreneur parce que, cette fois-là, il ne prendrait pas 30 %. Et de nous expliquer qu'il devait gagner parce que son salaire de gouverneur était insignifiant. Surtout, il n'avait pas de temps à perdre et il se consacrait à faire fructifier les affaires de sa famille. À la sortie de la réunion, nous avons échangé pour vérifier si on avait bien entendu et bien compris les propos de MKa. Nous étions tous persuadés que MKa nous avait dit qu'il travaillait pour sa famille, dont Katebe, et qu'il prélevait 30 % au moins sur les marchés publics. On était sidérés... »*

Pour le monde des affaires au Katanga, MKa a un appétit insatiable pour l'argent. Par manque d'éducation et d'arrogance, il a manqué de retenue et de pudeur. Les effets sont surprenants.

À Lubumbashi, on m'avait conseillé de me rendre au bout de l'avenue Panda. « *Vous comprendrez tout, tout de suite. La résidence de notre gouverneur jouxte son complexe commercial comprenant une salle de fitness, un massage et un café-restaurant. Une porte dans le mur permet au gouverneur de passer de son logis à ses affaires. C'est jamais vu, cette arrogance de faire du commerce ouvertement.* »

L'endroit est l'arrière de la villa Katebe, occupée par MKa, entourée de murs de 5 mètres de haut, surmontés de barbelés-rasoirs. Des grillages plus élevés entourent un terrain de tennis privé. Une porte dans le mur permet à MKa de passer directement de ses quartiers privés à ceux des affaires.

J'ai mangé au café-restaurant Lattélicious : On me dit : « *tout ici est sud-africain. Le gérant est sud-africain. Les palmiers sont venus sur camions de Johannesburg ; tous les repas sont précuits et viennent d' Afrique du Sud, par camions congelés. Le fabricant local de Coca Cola ne peut y vendre la moindre bouteille. C'est un fournisseur sudafricain qui livre uniquement des boissons à partir de Johannesburg* ».

La carte du café pompeusement sous-titrée Golf de Lubumbashi (photo auteur)

L'avenue Panda est un cul-de-sac barré par un énorme portique noir, également haut de 5 mètres.

On me dit : *« C'est un vaste domaine. MKa a racheté presque toutes les parcelles, en enfilade. Vous avez la résidence, suivie de la salle commerciale de gym et le restaurant. Juste à côté, on accède par le lourd portique métallique noir à un guest-house.Il y a des bungalows pour les employés des entreprises de MKa. Les hommes et femmes de ménage sont des Bemba; mais mal payés. Les pensionnaires sont des techniciens sudafricains et des comptables ghanéens, tous, blancs et noirs, arrogants et un peu racistes. »*

Marthe Bosuandole avait raconté dans La République que l' arrivée en fanfare à Lubumbashi de 152 taxis rouges de MKa dans un énorme convoi de 38 conteneurs de 40 pieds, contenant chacun 4 véhicules :

« Ces voitures de marque Toyota Corola sont intégralement neuves, kilométrage zéro, volant à gauche, respirant la fraîche arrogance du luxe mêlé au confort, avec taximètre et un système avertissant de ne pas oublier les bagages à la descente ».

Mais voyant que MKa allait leur faire de la concurrence déloyale, les taximen menacèrent d'écrabouiller ses véhicules.

« MKa avait pris peur et garda ses véhicules qu'il ne mit pas en exploitation. Il a ainsi perdu des millions. Il a tellement d'argent qu'il avait vite oublié». M'a dit un chauffeur de taxi. Il m' a aussi envoyé une photo de ces véhicules qui n'ont pas inondé la ville.

Un des rares taxis qu'on n'avait pas vus sur les routes (photo de tiers)

On m' a parlé de très nombreuses affaires rocambolesques.

La moins connue est que MKa avait élu son domicile spirituel dans le sud de Lubumbashi, à la cathédrale de la mission de Kafubu où il fait dire des messes pour que son équipe de football TP Mazembe gagne.

Mais un vieux prêtre blanc hoche la tête :

« Je ne crois plus en ce monsieur : a pris des dizaines de kilomètres carrés de terres entre les routes Kafubu et Kilobelobe ».

La plus ruineuse, après l'affaire des taxis, est celle de briques.

« Au début, MKa avait introduit avec fanfare des BTC ou briques de terre compressée. Mais pour vendre des machines. On ne connaît pas de constructions avec ce matériau. Voilà qu'un jour, un Belge lui parla de son projet de relancer l'ancienne usine italienne Briqueville, spécialiste de briques cuites. MKa ravit le projet. Pour aussi ravir le marché, il commença par interdire la cuisson artisanale de briques dans la ville, puis se lança dans un four à fuel puis électrique. Il a fait tirer une ligne électrique pour son usine, en prétendant que c'était pour les populations. Finalement, les briques étaient vendues trop cher. Elles ont été ignorées, même par MKa lui-même, dans le boom immobilier de Lubumbashi. Pourquoi ? Parce que les ne font pas confiance aux affaires de MKa ; ils pensent qu'il les roule quelque part... »

Photos de publicité de KCM

J'ai remarqué que Moïse Katumbi Chapwe (MKC) qui avait déjà les mêmes initiales dans MCK, n'avait pas résisté à utiliser les mêmes lettres pour la briqueterie appelée KCM (Katanga Clay Manufactory). MKa serait peut-être superstitieux avec pour talisman ce trio de lettres fétiches: "C","K" et "M"?

LE PLUS "KABILISTE"

Christian Momat de Katanganews avait posé cette question, en 2007 : « Moïse Katumbi, est-il kabiliste ? » Il répondit :

« Plus kabiliste que moi, il n'y en a pas cinq ! Je suis venu avec Mzee Laurent Désiré Kabila lorsqu'il avait engagé sa guerre contre Mobutu en 1996. Ce fut moi qui pourvoyais les troupes en nourriture pendant la guerre. Et c'était encore moi qui veillais à la logistique. J'ai contribué financièrement à l'entrée de l'AFDL. Quant à mon passé, j'étais parti en exil, parce que l'ennemi du Katangais, c'est le Katanga lui-même. Mon grand frère s'était proclamé candidat président de la République, ce qui est légitime pour tout Congolais, et la conséquence n'a pas tardé. On m'a traité de rebelle. Qui a commencé le premier la rébellion du RCD ? Est-ce mon grand frère ? On a parlé de Katebe ; est-ce pour autant qu'il fallait tuer toute sa famille ? Heureusement que la vérité est têtue. Quand le président Joseph Kabila a pris le pouvoir, il a compris qu'il y avait beaucoup de mensonges et de jalousie. Rappelé par le chef de l'État, je suis rentré au pays par la grande porte. Ayant compris qu'il était un véritable homme d'État, je lui ai promis de travailler pour lui parce qu'étant homme d'affaires, je sais tenir parole, car en affaires, c'est la parole qui compte ».

Question de Momat : *Quelles sont les qualités les plus marquantes du président Kabila ?*

MKa : C'est un homme exceptionnel qui a réussi à se réconcilier avec ses propres frères. Surtout avec ceux qui étaient dans la rébellion, et qui avaient combattu son père. Ce n'est pas facile. Il est allé jusqu'à partager son pouvoir avec ses ennemis d'hier. Un homme qui préfère l'action au discours. Qui parle peu, et qui observe beaucoup. D'ailleurs avec raison, car la bible dit : le sage a sa bouche dans son cœur. Quand un ministre ou un membre du PPRD lui parle, il sait détecter celui qui ment. Il a la grande faculté d'écouter. Personne ne pouvait s'imaginer qu'au Congo on est arrivé à organiser des élections libres et transparentes. C'est un homme qui aime la transparence et il est à la tête du pays pour l'intérêt du peuple. S'il n'avait pas toutes ces qualités, je ne l'aurais pas suivi. Dans cette traversée du désert, Joseph Kabila est capable d'amener le peuple congolais du désert à la terre promise…

LE CLONE : MCK TRUCKS

Le 8 janvier 2007, MKa avait quitté le capital de MCK au profit d'une entreprise nouvelle : Virginika Mining. On me dit : *« il lui était facile de quitter la société MCK (Mining Company Katanga), mais il semble qu'il lui était difficile d'abandonner le sigle qui correspond à son propre nom de "Moïse Chapwe Katumbi", une marque personnelle, un talisman qui lui a rapporté $US 61 millions… »*

MKa crée une nouvelle société jumelle appelée MCK TRUCKS. Il prend comme associé Kenneth Macleod. C'est le même Sud-Africain qui avait créé MCK en 2001. La nouvelle société est immatriculée au Nr 10319 et son siège social est situé dans la maison que MKa avait occupée jusqu'en 1991 lorsqu'il était contremaître de l'affaire de poissonnerie de Soriano Katebe Katoto, avenue Mahenge au quartier industriel de Lubumbashi. La même maison pour laquelle ils sera jugé et condamné pour escroquerie, en 2016. Les statuts de MCK Truck désignent Katumbi comme gérant unique.

J'ai vérifié : les statuts et les pouvoirs resteront inchangés jusqu'en 2014, lors de l'harmonisation de la société avec le droit des affaires panafricain de l'OHADA. MKa avait proclamé qu'il avait confié la gestion de ses affaires à sa femme et à ses enfants. Les lois sur les agents publics lui interdisaient aussi de faire du commerce. Ce hiatus juridique montre qu'en réalité il avait gardé les commandes de ses affaires.

Le 6 mars, le site Miningmx annonce que *« MCK, la société créée par Kenneth Macleod est l'une des entreprises de sous-traitance du Katanga, une province qui attirera plus de $US 50 milliards d'investissements. MCK se serait procuré une nouvelle flotte d'engins de dénivellement auprès de la firme sud-africaine Bell Equipment. Le premier chantier serait celui de l'Israélien Dan Gertler qui pilote Nikanor, nouveau propriétaire de la mine Kamoto-Oliveira-Virgule (KOV) ».*

Le 16 mars 2007, MCK va déclarer une dette envers la nouvelle société MCK Truck pour lui remettre en paiement pas moins de 85 engins, *« sortis de nulle part »*, me dit-on.

PROCES VERBAL D'ASSEMBLEE GENERALE EXTRAORDINAIRE

MINING COMPAGNY KATANGA NRC 8518 IDN.6-12-N3995995B

SIEGE SOCIAL : 17 MUGUNZI, COMMUNE DE KAMPEMBA

L'an Deux mil sept ,le Seizième jour du mois d'Avril s'est tenu une assemblée générale extraordinaire de la Société Mining Compagny Katanga s.p.r.l ayant son siége social sur l'avenue Mugunzi,17 commune Kampemba .

Sont présents ou représentés

- IKM INVESTMENTS S.P.R.L
- VIRGINICA MINING S.P.R.L

Invités

- MCK TRUCK

CONVOCATION ET REGULARITE DE L'ASSEMBLEE

Convoquée par Monsieur KITANGU MAZEMBA en vertu de l'art 21des statuts,tous les associés reconnaissent avoir reçu au préalable la convocation contenant l'ordre du jour proposé.
Tous les associés déclarent solennellement et expressément renoncer à toute éventuelle action qui tiendrait à une quelconque irrégularité de cette assemblée.
Ainsi, l'assemblée déclare t-elle régulière sa tenue et décide qu'elle peut valablement siéger sous la présidence de son Gérant assisté du secrétariat .

ORDRE DU JOUR

La présente assemblée a un point à l'ordre du jour :

- La Cession des Engins lourds et quelques matériels roulants à MCK TRUCK. .

DEROULEMENT DE LA REUNION

a) Le président commence par exposer les points à l'ordre du jour ;
b) L'assemblée prend acte de l'exposé du président. Elle se reconnaît valablement constituée et apte à délibérer sur les points à l'ordre du jour.
c) Délibération

On m'explique : *« aucun document comptable n'indique que MCK avait acquis les 85 engins qui auraient dû figurer dans ses comptes des immobilisés ; la sortie des livres devait être traitée comme "destruction des immobilisés". De la même manière, il n'y a aucune trace que MCK s'était endettée auprès de la nouvelle société MCK Trucks, un endettement invraisemblable auprès d'une toute nouvelle société qui n'avait jamais eu d'activités et qui n'aurait pas pu être créancière de fournitures de biens et de services à MCK… »*

Après avoir délibéré, l'assemblée réunissant l'intégralité des parts prend les résolutions suivantes ;

RESOLUTIONS

- L'assemblée prend acte de la cession des engins lourds et certains de ses matériels roulants de MCK SPRL à MCK TRUCK. La liste des engins est reprise en annexe de la présente.
- L'assemblée déclare que ces valeurs immobilisées sont les faits d'une dette,elles sont acquises à leurs valeurs nominales moins la dette.

VOTE

Ces Résolutions sont adoptées par l'assemblée à l'unanimité et les articles des statuts sociaux sont automatiquement modifiés.

Les associés donnent pouvoir à Maître Clarisse KAYATA ,Avocat près la Cour d'Appel de Lubumbashi et y résidant , pour faire notarié le présent Procés- Verbal ,de déposer au Greffe du tribunal de Grande instance de Lubumbashi , pour son inscription complémentaire et le faire publier au Journal Officiel.

Plus rien n'étant à l'ordre du jour ,le président de l'assemblée lève la séance.

Fait à Lubumbashi, le 16 avril 2007 .

IKM INVESTMENTS

VIRGINICA MINING

MCK TRUCK

L'assemblée générale de MCK déclare que les engins cédés sont « *l'effet d'une dette* ». Aucun montant n'est avancé pour cet endettement. Au total, ce sont 85 engins lourds et matériels roulants qui passent de MCK à MCK TRUCKS.

La liste est impressionnante.

N.R.C: 8518 - N° ID N. 6-12-N39595B
17, Avenue MUNGUZI. Lubumbashi .R.D.C
REPUBLIQUE DEMOCRATIQUE DU CONGO

Plant N0	Model	Manufacture
DT01	B40C	Bell
DT02	B40C	Bell
DT03	B40C	Bell
DT04	B40C	Bell
DT05	B40C	Bell
DT06	B40C	Bell
DT07	B40C	Bell
DT08	B35C	Bell
DT15	B40C	Bell
DT19	B40C	Bell
DT20	B40C	Bell
DT23	B25D	Bell
DT24	B25D	Bell
DT25	B25D	Bell
DT	B25D	Bell
DT41	B40D	Bell
DT42	B40D	Bell
DT43	B40D	Bell
DT44	B40D	Bell
DT45	B40D	Bell
DT46	B40D	Bell
DT47	B40D	Bell
DT48	B40D	Bell
DT49	B40D	Bell
DT50	B40D	Bell
DT51	B40D	Bell
DT52	B40D	Bell
DT53	B40D	Bell
DT54	B40D	Bell
DT55	B40D	Bell
DT56	B40D	Bell
DT57	B40D	Bell
DT58	B40D	Bell
DT59	B40D	Bell
DT60	B40D	Bell
DT61	B40D	Bell
DT62	B40D	Bell
LOC01	2208c	Bell
LOC02	2208c	Bell
LOC03	LX210	HITACH

LOC04	LX290	HITACH
EX01	455H	HITACH
EX02	20T	DAYWHO
EX03	850ZX	HITACH
EX04	850ZX	HITACH
FX05	650ZX	HITACH
	850ZX	HITACH
	650ZX	HITACH
	FUEL TRUCK	
	Water car	volvo
	Water car	MAN
	Water car	MAN
	Water car	MAN
DZ01	D8	CAT
GRO1	770	Bell
GRO2	14H	CAT
	PRADO	TOYOTA
	COMMER	TOYOTA
	COMMER	TOYOTA
	COMMER	TOYOTA
	COMMER	TOYOTA
	COMMER	TOYOTA
	COMMER	TOYOTA
	D/CAB	NISSAN
	D/CAB	NISSAN
	D/CAB	NISSAN
	LANDCRU	TOYOTA
	LANDCRU	TOYOTA
	LANDCRU	TOYOTA
	LANDCRU	TOYOTA
RT01	5035	Merc
RT02	5035	Merc
RT03	5035	Merc
RT04	5035	Merc
RT05	5035	Merc
RT06	5035	Merc
RT07	5035	Merc
RT08	5035	Merc
RT09	5035	Merc
RT10	5035	Merc
RT11	LORRY-H	MERC
RT12	LORRY-H	MERC
LB01	LOWBED	
LB02	LOWBED	
LB03	LOWBED	

Le clonage de MCK en MCK TRUCK et l'opération de transfert d'engins ont été analysés. On me dit : *« rien ne tient debout. Si c'était propre, on n'établirait pas de tels papiers. Ce qui est clair, c'est que MKa vide MCK de sa substance ; il dépouille la poule aux œufs d'or. Il est clair aussi qu'il est engagé dans une spéculation. Il déclare à la presse que MCK avait investi $US 130 millions en engins, mais on découvre que c'est MCK TRUCK qui les utilise. Entre-temps, MCK se dit endetté envers MCK TRUCK et paie sa dette en engins. »*

À voir la liste des engins, la plupart sont de marque Bell. Ainsi MCK Truck reflète un autre mariage opaque : celui de MKa avec Bell Equipment. Il va utiliser ses fonctions de gouverneur pour introduire cette marque d'engins jusque-là inconnue au Katanga, par un trafic d'influence et un lobbying commercial à partir de sa direction de la province.

On me raconte. *« Lors de la crise de 2008, MKa se retrouvera avec des engins Bell mais sans acquéreurs. Il avait paniqué et il avait prétendu qu'il les avait commandés pour reconstruire le Katanga ; il les exposa sur la place principale de Lubumbashi et demanda l'intervention de « papa Kabila » pour qu'il ne paie pas la douane. La crise passée, les engins disparurent, revendus à des chantiers et des carrières de privés ».*

On me fait remarquer : *« C'est un secret de polichinelle que MKa s'est imposé comme associé incontournable dans de nombreuses entreprises en jouant sur le délit d'initié, le trafic d'influence ou le conflit d'intérêts. L'histoire du Congo est faite d'associés-bidon pour sécuriser et accompagner des étrangers. MKa se cache, mais il s'est trahi en intégrant un engin Bell dans le logo de MCK. Cela indique qu'il y a de nombreuses affaires où il a des participations directes ou indirectes, cachées ».*

LA CONSTRUCTION DE KINSEVERE

De 2006 à 2009, Anvil Mining multiplie les annonces sur la Bourse de Toronto pour lever des fonds destinés à la construction de la mine de Kinsevere, en deux étapes.

L'"étape I", opérationnel en 2009, consiste à ouvrir une carrière et à installer un concentrateur HMS (heavy media-separation) et un four électrique EAF (electric-arc furnace).   L'"étape II" produira 60.000 tonnes par an de cuivre raffiné dans une usine SX-EW (solvent extraction and electrowinning), moyennant un investissement de $US 238 millions.

En juillet 2008, l'Israélien Dan Gertler offre de prendre 25 % de Anvil Mining au nom de Catala Global, une compagnie fiduciaire familiale et d'apporter 296, réduits à 237 millions de dollars canadiens. Cet argent frais servirait à la construction de la phase II de Kinsevere. Anvil envisage un bilan avec un cash-flow de $US 420 millions et sans aucune dette. Mais la négociation est rompue en septembre. « *Dan Gertler aurait exigé une importante commission… Ce que les Australiens ont refusé* » me dit un confrère d'une agence de presse financière.

En 2009, Trafigura Beheer BV prend 39 % du capital de Anvil en apportant $US 200 millions pour la construction de la phase II de Kinsevere, avec, en sus, un prêt de $US 100 millions. Trafigura s'assure, par la même occasion l'exclusivité de la commercialisation des produits de Kinsevere pour la durée de l'exploitation de cette mine.

À Kolwezi, Georges Arthur Forrest et Dan Gertler avaient quitté les mines de Kamoto et de KOV au prix de montages financiers qui ont installé la firme de trading Glencore.

Trafigura et Glencore ont été créées par d'anciens collaborateurs du sulfureux Marc Rich ; ces rois des marchés des métaux achètent des parts dans des mines pour les faire tourner.

Trafigura entrera aussi en affaires minières et même caritatives avec MKa.

CHANGEMENT DE SIÈGE SOCIAL

En 2009, MCK transfère son siège social sur l'avenue industrielle Nr 90 à Lubumbashi.

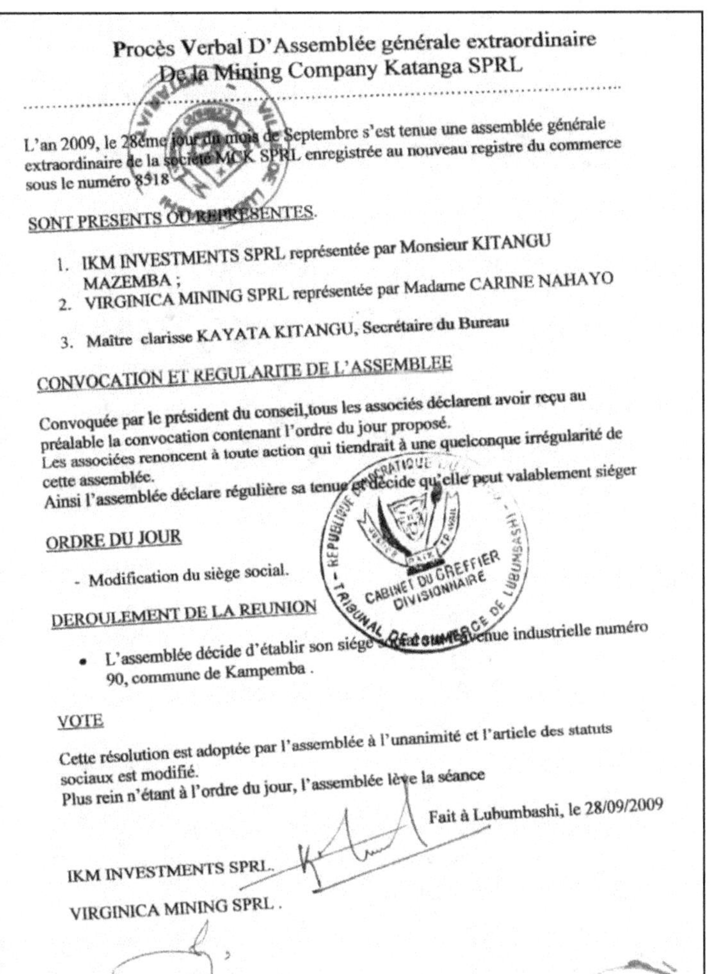

Procès Verbal D'Assemblée générale extraordinaire
De la Mining Company Katanga SPRL

L'an 2009, le 28ème jour du mois de Septembre s'est tenue une assemblée générale extraordinaire de la société MCK SPRL enregistrée au nouveau registre du commerce sous le numéro 8318.

SONT PRESENTS OU REPRESENTES.

1. IKM INVESTMENTS SPRL représentée par Monsieur KITANGU MAZEMBA ;
2. VIRGINICA MINING SPRL représentée par Madame CARINE NAHAYO
3. Maître clarisse KAYATA KITANGU, Secrétaire du Bureau

CONVOCATION ET REGULARITE DE L'ASSEMBLEE

Convoquée par le président du conseil,tous les associés déclarent avoir reçu au préalable la convocation contenant l'ordre du jour proposé.
Les associées renoncent à toute action qui tiendrait à une quelconque irrégularité de cette assemblée.
Ainsi l'assemblée déclare régulière sa tenue et décide qu'elle peut valablement siéger

ORDRE DU JOUR

- Modification du siège social.

DEROULEMENT DE LA REUNION

- L'assemblée décide d'établir son siège social sur l'avenue industrielle numéro 90, commune de Kampemba .

VOTE

Cette résolution est adoptée par l'assemblée à l'unanimité et l'article des statuts sociaux est modifié.
Plus rein n'étant à l'ordre du jour, l'assemblée lève la séance

Fait à Lubumbashi, le 28/09/2009

IKM INVESTMENTS SPRL.

VIRGINICA MINING SPRL .

L'ENTREPRENEUR " PERSONNEL"

Malgré son retrait du capital de la société MCK qu'il a vidée du jackpot de Kinsevere et de 85 engins, MKa semble fasciné ; il en fait l'emblème pour accompagner et couvrir tout ce qu'il touche. Il loue cette fiche du site publicitaire Pageweb :

ACTIVITÉS de MCK

Opérateur minier dans l'exploitation des mines de cuivre et de cobalt à Kinsevere, Tshifufia, Nambulwa et Kolwezi. (1)

Opérateur métallurgique dans la production de cuivre et de cobalt (alliage) par voie sèche à Kolwezi et à Lubumbashi. (1)

Opérateur en transport de biens, matériels et matériaux de toutes natures et toutes dimensions. (2)

Bureau d'étude pour : les études de projets d'usines, la réalisation des dessins techniques par Autocad, la construction de modules de production industrielle et la construction d'usines complètes clé en main. (4)

Vente d'équipements miniers neufs et de seconde main. (3)

Opérateur agricole - Production de maïs.

Je note que MCK est présentée comme un groupe qui cumule des activités : AMCK (1), Hakuna Matata (2), Bell Equipment (3), IKM (4). Etc.

Cette publicité omet de citer la branche active : MCK Trucks (avec "S", au pluriel), présentée sur le site internet de l'équipe de football TP Mazembe, en ces termes :

MCK TRUCKS : des projets à la pelle…

Date de création : 2011. Activité : sous-traitance minière et génie civil. Fondateurs : Moïse KATUMBI et Kenneth MCLEOD. Statut juridique : SPRL de droit congolais. Employés : plus d'un millier.

C'est la carte de visite de MCK TRUCKS, le sponsor principal du Tout Puissant Mazembe. Une entreprise en pleine ascension dont le sigle en trois lettres orne les vareuses des vice-champions du monde. L'entreprise installée à Lubumbashi vend ses services dans le domaine minier, principalement pour les excavations (forage, minage, chargement…) avec une moyenne annuelle de 15 millions de mètres cubes. Pour ce faire, elle a investi plusieurs millions de dollars dans une gamme d'équipements classés parmi les plus importants du pays, des pelles (jusqu'à 19 tonnes) jusqu'aux arroseuses en passant par des camions bennes de 25 à 100 tonnes, des sondeuses appuyées par des engins de terrassement comprenant niveleuses, bulldozers, chargeuses et tractopelles, etc. Et le parc d'engins se développe au fil du temps. MCK TRUCKS n'a cessé de grandir durant la décennie, élargissant ses activités de base aux travaux de génie civil tels que la construction de bassins de rejet d'usine, la construction et la réparation des plates-formes, ou encore l'entretien de routes d'intérêt général et de desserte agricole.

De nombreux chantiers mobilisent l'entreprise au sein de laquelle plus de 60 % des cadres assurant la gestion courante sont congolais. Parmi les projets les plus importants, on citera, de 2000 à 2008, l'OPEN CAST MINE, la mine souterraine de KAMOTO, KAKONTWE (CCC) Aggregate and Lime Quarry, KANFUNDWE mine à ciel ouvert ou encore KAMOYA pour le compte de Gécamines. La mine de diamant de MBUJI-MAYI pour le compte d'ORYX Natural Resources de 2003 à 2004 puis DIKULUSHI Copper Mine pour le compte de ANVIL Mining de 2004 à 2007, tout comme RUASHI Mining de Metorex, TENKE Fungurume Mining pour Freeport McMoran et CHEMAF pour le compte de SHALINA Group entre autres.

MCK TRUCKS se fait un devoir de s'impliquer dans un rôle social auprès des populations locales. Elle construit des hôpitaux, des écoles, fore des puits d'eau en milieux ruraux et apporte un soutien conséquent dans le domaine agricole. Son partenariat avec le TP Mazembe concrétise sa présence dans le secteur sportif.

Lorsqu'il s'apprête à prendre la direction de la province du Katanga, MKa fait sensation en annonçant qu'il allait gouverner la province "comme une entreprise privée".

On me dit : *« il y a eu un énorme malentendu. En fait, il a gouverné la province "comme son entreprise personnelle", sans organigramme, sans délégation de pouvoirs, sans budget ni comptabilité, ni conseil d'administration ni de commissaires aux comptes. Il a toujours tout décidé lui-même, selon son inspiration ou son humeur, ses impulsions ou ses affinités. Il a lancé des projets hors budget ; il n'a jamais annoncé les coûts des travaux. C'était un monarque absolu : ce qui était bon pour MKa était bon pour la province »*.

Je constate que c'est le même concept d'entreprise personnelle ou d'absolutisme qui a fait sauter les séparations juridiques et financières des différentes entreprises pour en faire un « groupe MCK », conglomérat d'activités qui n'avaient de commun que sa propre implication. Je n'ai trouvé nulle part une mention juridique ou fiscale du "groupe MCK".

Si, une seule fois : Ignace Kitangu m'avait remis sa carte :

Kitangu se disait "vice-président"; cela induisait que MKa était président du groupe MCK, alors que le même Katumbi jurait qu'il ne dirigeait plus des entreprises…

L'HOMME QUI NE PAIE PAS D'IMPÔTS

De 2007 à 2009, les opérations commerciales de MKa sont totalement opaques. Qu'avait-il à cacher ?

Officiellement, il était obligé de faire l'inventaire de son patrimoine à la prise de ses fonctions de gouverneur, selon une réglementation de 2002 sur l'éthique des agents publics.

Début 2007, Katanganews lui demande :

Question : Vous êtes un homme d'affaires prospère. Quand comptez-vous déposer au parlement la situation de votre patrimoine *?*

Réponse MKa : Je compte le faire le plus vite possible. Tout est fin prêt. La même réglementation de 2002 interdit aux agents publics de faire du commerce, même par personne interposée. MKa le sait ; il annonce qu'il a confié la direction de ses affaires à sa femme et à ses enfants.
« Chose difficile à réaliser au moment où sa femme attendait famille et ses enfants n'étaient pas au pays », me dit-on.

Selon cette loi, les gouverneurs et ministres provinciaux sont des agents publics « chargés de l'administration des circonscriptions territoriales ». Il leur est interdit « d'exercer soit par soi-même, soit par personne interposée toute activité commerciale ». Ceci signifie que l'affairisme au pouvoir était interdit. On me dit : *« Dès le début, MKa est en rupture publique avec ce code de conduite ; il dit qu'il ne vit pas de son salaire de gouverneur, mais qu'il doit faire fructifier les affaires de sa famille. »*

J'ai aussi appris que la loi congolaise a des restrictions envers les décideurs politiques en termes de trafic d'influence, détournements directs ou indirects via les marchés publics.

Tout le monde vantait les signes extérieurs de richesse grandissante de MKa, j'ai recherché son dossier fiscal et celui de ses entreprises. Je n'avais pas trouvé de traces de déclarations au nom de l'individu ou "assujetti" Katumbi.

Pour les entreprises, j'avais constaté deux grosses anomalies.

En province, les services des impôts s'appellent CDI ; ils s'occupent des entreprises qui ne dépassent pas $US 0,5 million de chiffre d'affaires annuel. Au-delà de ce seuil de $US 500.000, les déclarations, paiements et contrôles sont effectués à la DGE (grandes entreprises), à Kinshasa.

Curieusement, toutes les entreprises de MKa étaient restées cantonnées à CDI et à Lubumbashi, malgré des chiffres d'affaires déclarés qui dépassaient le million de dollars.
On m'explique : *« ainsi, le gouverneur de province pouvait intervenir sur place et se faire obéir au doigt et à l'œil, et, bien entendu, acheter le silence. »*

C'est ce qu'a montré la deuxième anomalie. Pour 2009, j'avais noté les résultats déclarés par MCK, MCK Trucks, Virginika et Hakuna Matata, les entreprises phares de MKa.

Entreprise	Chiffre d' affaires	Pertes déclarées
MCK	6.098.404.028 Fc	6.098.404 Fc
MCK Trucks	58.057.432.223 Fc	58.057.432 Fc
Virginika	126.547.265 Fc	126.547 Fc
Hakuna Matata	11.551.483.054 Fc	11.551.483 Fc

Ainsi, toutes les entreprises de MKa étaient en pertes et ne payaient pas d'impôt. Les chiffres étaient falsifiés grossièrement : chaque entreprise avait réalisé des pertes d'exactement 1/1000e du chiffre d'affaires.

On me dit *« MKa prend les gens pour des idiots. Mais cela marche et c'est la preuve du haut degré de la corruption »*.

Je note que l'ITIE (Initiative pour la transparence dans les industries extractives), un organisme privé qui s'occupe de la transparence des revenus miniers, compare ce que les entreprises déclarent avoir payé à l'État et ce que l'État a enregistré comme recettes.

On me dit *« la fiche ITIE de 2008 et 2009, se rapporte à l'époque où MKa arrachait des travaux et des paiements prioritaires à la Gécamines. MCK prétend avoir payé comme impôt sur les bénéfices respectivement $US 50.762 et 89.868 contre $US 103.880 et 292.635 enregistrés par le Fisc. De tels écarts sont du bidonnage !»*

ITIE RDC 2008-2009
Situation du travail de rapprochement au 15 octobre 2011
CONFIDENTIEL

Mining Company Katanga

1. Impôt sur les bénéfices et profits (IBP)

MCK – Date	Devise	Montant	Montant USD		DGI – Date	Devise	Montant	Montant USD	Écart Δ
2008					2008				
15/09/2008			50 762	a	13/05/2008			53 118	
				a	21/08/2008			50 762	
Total déclaré 2008		-	50 762		Total déclaré 2008		-	103 880	-53 118
Total non réconcilié 2008			-		Total non réconcilié 2008			53 118	-53 118

MCK – Date	Devise	Montant	Montant USD		DGI – Date	Devise	Montant	Montant USD	Écart Δ
2009					2009				
20/11/2009			2 972	a	23/11/2009			2 972	
				a	18/09/2009			98 754	
					08/10/2009			96 333	
					29/10/2009			94 577	
20/11/2009			72 325						
20/11/2009			14 571						
Total déclaré 2009		-	89 868		Total déclaré 2009		-	292 635	-202 767
Total non réconcilié 2009			86 896		Total non réconcilié 2009			289 663	-202 767

2. Impôt spécial forfaitaire (ISF)

MCK – Date	Devise	Montant	Montant USD		DGI – Date	Devise	Montant	Montant USD	Écart Δ
2008					2008				
Total déclaré 2008		-	-		Total déclaré 2008		-	-	-
Total non réconcilié 2008			-		Total non réconcilié 2008			-	

MCK – Date	Devise	Montant	Montant USD		DGI – Date	Devise	Montant	Montant USD	Écart Δ
2009					2009				
Total déclaré 2009		-	-		Total déclaré 2009		-	-	-
Total non réconcilié 2009			-		Total non réconcilié 2009			-	

La fiche ITIE de MCK *Source Congomines*

C'est alors qu'un journaliste est arrivé de l'étranger. Et il a vu.

MARC NEXON, LE PERTURBATEUR

Le 7 janvier 2010, le journaliste français Marc Nexon avait reçu le Prix de la Presse diplomatique, l'équivalent du prestigieux Prix Pulitzer américain. Peu après, le grand reporter est l'envoyé spécial au Congo du magazine français Le Point. Son reportage intitulé *« Moïse Katumbi, seigneur du Katanga »*, est publié le 18 mars 2010.

En voici des extraits :

« Ah ! l'argent… Ça offre tout ! » dit Katumbi au journaliste. Pas faux. Ici, en République démocratique du Congo, Moïse Katumbi possède tout. La fortune, le pouvoir et même la popularité. Au point d'apparaître comme le futur président du pays…

… Qui possède le Katanga détient le plus précieux royaume d'Afrique. Or son roi s'appelle Moïse Katumbi, 45 ans, yeux verts et nez d'aigle, élu gouverneur en 2007. Un métis, fils d'une mère congolaise et d'un père juif italien originaire de l'île de Rhodes, installé au Katanga depuis l'entre-deux-guerres. Il revient en 2004, *« acclamé comme Michael Jackson »*, se plaît-il à raconter. Il crée alors la société MCK (Mining Company Katanga) et participe à la privatisation de la Gécamines, la société d'État…

… De quoi bâtir une fortune estimée à 60 millions de dollars. Et s'offrir une campagne électorale. Avec une ambition : sortir de la misère sa province, où la moitié de la population vit avec moins de 2 dollars par jour.

Un Robin des bois des Tropiques ? Pas si vite… ses initiatives retombent parfois comme des soufflés. *« Tout est improvisé et le suivi n'existe pas »*, déplore Timothée Mbuya, vice-président de l'Asadho, une association de défense des droits de l'homme…

Mais il y a plus gênant. Les entreprises du gouverneur bénéficieraient d'un traitement de faveur.

« J'ai vu des fonctionnaires des impôts effacer cinq zéros du montant des taxes dues par les sociétés de Katumbi ! » accuse un avocat d'affaires.

Car le gouverneur n'a jamais décroché du business. Depuis son élection, c'est sa femme, Karine, 35 ans, ancienne banquière, qui gère les contrats. *« Elle ouvre et ferme les valises de billets »*, raconte un témoin.
Cet article a l'effet d'une véritable bombe.

MKa est effrayé parce que le journaliste a relevé son profil de présidentiable ; il a peur d'indisposer en haut lieu. Il est paranoïaque, comme le révèle Marc Nexon.

L'homme craint les tentatives d'empoisonnement à travers la nourriture ou d'éventuelles poudres déposées sur les poignées de porte. La rumeur prétend qu'il renouvelle son sang tous les trois mois…

En 2014, MKa se dira malade et s'absentera, de longs mois, pour des soins intensifs en Europe… afin de purger son sang empoisonné… Puis il revint pour se jeter corps et âme dans l'arène politique, sans les séquelles de son empoisonnement médiatisé. Il actionne un scénario pour rompre avec Kabila.

Ce lieutenant, selon lui-même, le plus fidèle, réussit le miracle de se faire appeler « le plus grand opposant »…

Mais l'homme est lui-même un tueur ; il réagit brutalement envers ses détracteurs et tous ceux qui égratignent son image.

En 2010, Alex Engwete rapporte sur son blog comment l'article de Marc Nexon avait causé des déboires à Timothée Mbuya de l'Asadho. Son péché est d'avoir dit au Français qu'avec Katumbi *« Tout est improvisé et le suivi n'existe pas »*.

Le problème est que Mbuya aurait relu l'article. Au Katanga, on ne peut pas impunément manquer de respect à un politicien populaire. Mbuya a pris peur d'être passé à tabac par une des milices de Katumbi. Il a donc été demander pardon, en personne, au gouverneur. Ensuite, il a tenu une conférence de presse pour nier qu'il avait jamais exprimé des propos aussi stupides. À la conférence de presse, Mbuya a dit qu'il avait envoyé un email à Le Point pour démentir les propos qu'on lui prêtait. Autant dire que Mbuya n'aurait jamais rencontré Marc Nexon.

Par la suite, le cinéaste belge Thierry Michel avait illustré la même ambition présidentielle dans le documentaire *L'irrésistible ascension de Moïse Katumbi* qui dévoile sa démarche populiste.

Une fois de plus, l'homme réagit violemment, toujours par crainte de sa hiérarchie. Il mobilise la presse à ses ordres pour attaquer violemment le cinéaste. Son tort était d'avoir **donné la parole à des voix indépendantes et dissonantes.**

Jean-Claude MUYAMBO

MKa provoquait des situations inédites. Ici Muyambo avait filmé Thierry Michel, pendant que le cinéaste belge le filmait… 1 (Nb capture écran)

SCODE

Solidarité Congolaise pour la Démocratie et le Développement

Agréé par l'arrêté Ministériel n°064/2007 du 06 septembre 2007

Lubumbashi, le 20 septembre 2012

Réf : PDT/NAT/SCODE/JCM/025/12

Objet : Première lettre ouverte :
Ma part de vérité

A Monsieur KATUMBI CHAPWE
Gouverneur de la province
du Katanga

Monsieur le Gouverneur,

Si je me permets aujourd'hui de vous écrire cette première lettre ouverte, c'est en ma triple qualité de Président national d'un parti politique,

Que la paix du Seigneur soit avec vous

Mes cordialités

Bâtonnier Jean-Claude MUYAMBO K.

Président National

Les lettres ouvertes de Muyambo étaient émotives et rancunières, mais elles valaient un témoignage de ceux qui avaient connu de près MKa

MKa convoqua les personnes interviewées et les amena à retirer leurs propos enregistrés dans le film.

Le confrère Yamukena Yantumbi avait écrit deux livres critiques : *« Moise Katumbi ou l'ambition du pouvoir, affairisme, populisme et parapolitique »* et *« Epître à un masque »*. Après avoir rencontré MKa, Yantumbi retira ses propos du film documentaire belge. Ensuite, il écrivit un livre réparateur à la gloire de l'homme : *« Moïse Katumbi par-delà les apparences, regard sur l'itinéraire d'un homme d'État… »* chez L'Harmattan, 2013. On me dit : *« lors du vernissage du nouveau livre laudateur il confia son impuissance et sa résignation : « vous voulez qu'on me tue ? »*

Le plus célèbre retourné du film belge fut le Bâtonnier Jean Claude Muyambo; il avait écrit une douzaine de « lettres ouvertes » pour dépeindre MKa avant de le rallier en politique. On me dit que « ces lettres continuaient à circuler et à blâmer MKa, alors Myambo dit: "MKa est mon frère, j'interdis d'utiliser mes écrits sous peine de poursuites en justice". Mais c'est lui-même qui se trouvait derrière les barreaux ».

Pour revenir à l'article de Marc Nexon, le reportage avait effrayé MKa. On me dit *« il a roulé des yeux devant les caméras pour s'indigner qu'on l'accuse de frauder les impôts »*.

Aussitôt, Willy Kabwe, le journaliste de service de MKa au journal Le Potentiel de Kinshasa, attaque Marc Nexon :

Tout est orchestré, accumulé dans le but d'accabler un individu dont la tête est mal perçue par ceux qui ne veulent pas du bien et du bonheur des millions de Katangais qui ne sont pas prêts à accepter que l'opprobre soit jeté sur leur élu.

Willy Kabwe accuse Marc Nexon qui n'aurait « aucune mesure dans les calomnies » pour avoir écrit ceci :

« J'ai vu des fonctionnaires des impôts effacer cinq zéros du montant des taxes dues par les sociétés de Katumbi ! »

J'ai regardé mes propres notes ; tout ce que le Français avait écrit était bien réel.

LA PREMIÈRE DÉCLARATION FISCALE

Marc Nexon a eu un tel impact sur MKa que, pour la première fois, MCK se précipite et dépose une déclaration fiscale, en bonne et due forme. En voici le récépissé :

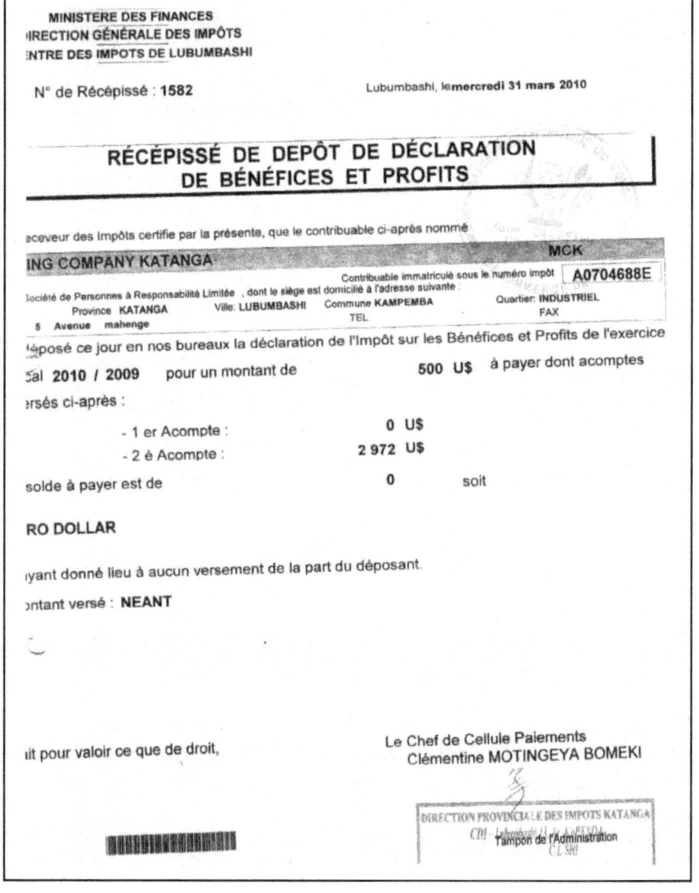

Ce récépissé montre que MCK n'avait pas payé d'acompte fiscal. Il s'agit d'un pourcentage de l'impôt qui avait été effectivement payé. L'absence d'acompte est la preuve que MCK n'avait pas payé d'impôt par le passé.

RÉPUBLIQUE DÉMOCRATIQUE DU CONGO
MINISTÈRE DES FINANCES
DIRECTION GÉNÉRALE DES IMPÔTS

Service (1) : CDI   Numéro de dépôt : 1582

DÉCLARATION DE L'IMPÔT SUR LES BÉNÉFICES ET PROFITS
Exercice fiscal (2) : 2010

I. IDENTIFICATION DU REDEVABLE (3)

Nom ou Raison sociale : MINING COMPANY KATANGA	NUMÉRO IMPÔT : A 0 7 0 4 6 8 3 C
	Numéro Id. Nat. : 1 1 0 8 6 1 Z
Sigle : MCK	Adresse postale :
	N° Téléphone : 0997662184
Adresse physique : 90 AV INDUSTRIELLE	Adresse E-mail :

II. RÉGIME D'IMPOSITION (*) : ☐ DROIT COMMUN   ☐ EXONÉRATION TOTALE   ☐ EXEMPTE
☐ EXONÉRATION PARTIELLE

III. CALCUL DE L'IMPÔT (4)

BASE DE CALCUL	MONTANT
1. PRODUITS ET PROFITS (cumul des comptes 70, 71, 73, 74, 77)	
2. BÉNÉFICES ou PROFITS IMPOSABLES	
3. PERTE FISCALE	501 789,3 USD
4. IMPÔT DU — 40 % X ligne (2) — 1/1000 de ligne (1) — Impôt minimum	3 1 MAR 2010
5. A DÉDUIRE — 1er ACOMPTE PAYÉ (a) — 2ème ACOMPTE PAYÉ (b)	
SOUS / TOTAL (a + b)	
Impôt à payer = (4) - (5)	
Trop perçu si (5) > (4)	

IV. MODE DE PAIEMENT (5)

Espèces	Avis de Certification	Chèque certifié	Virement	Crédit

MONTANT PAYÉ

Fait à LSH   le 29 / 03 / 2010

Nom et qualité du signataire : KATANGA DG   Signature

(cachet : MINING COMPANY KATANGA — MCK — B.P. 1513 — LUBUMBASHI)

V. RÉSERVÉ À L'ADMINISTRATION (6)

N° de la Quittance :	Date de la Quittance	Cachet de l'Administration

MCK fait une déclaration de perte de \$US 501.798,3.
Suite à de pareils résultats, la société a payé un forfait d'impôt de seulement \$US 2.972.

« Quelle ironie, lorsqu'on a empoché \$US 61 millions… » me dit un activiste des droits de l'Homme.

Dans cette déclaration, MKa utilise le numéro fiscal A907535B qui est celui de l'autre société : MCK Trucks.

"Indice de fraude grotesque ou de panique à bord" me dit-on.

Voici l'« actif » du bilan MCK au 31 décembre 2009 pour l'année fiscale 2010 ; il a été rédigé à la va-vite, en réaction à la révélation du journaliste français.

BILAN (Première partie)

M... KATANGI

Exercice du |0|1| |0|1| |0|9| au |3|1| |1|2| |0|9| Code pièce |0|6|

ACTIF

N° COMPTE	DÉSIGNATION DES COMPTES	MONTANTS BRUTS	VALEURS À LA CLÔTURE DE L'EXERCICE AMORTISSEMENTS ET PROVISIONS	MONTANTS NETS
20	Valeurs incorporelles immobilisées			
	IMMOBILISATIONS CORPORELLES			
21	Terrains	854253,5	3805426	2473 7.
22	Autres immobilisations corporelles			
23	Immobilisations corporelles en cours	11853325,8		1195 3.
24	Avances et acomptes sur commandes d'immobilisations en cours			
	AUTRES VALEURS IMMOBILISÉES			
25	Titres et valeurs engagés à plus d'un an	13200		13200
26	Prêts et autres créances à long terme			
27	Prêts et autres créances à moyen terme			
279	dont partie à encaisser à moins d'un an			
	TOTAL des valeurs immobilisées	12720779,30		12340.
	FONDS DE ROULEMENT (POSITIF)			
	VALEURS D'EXPLOITATION			
30	Marchandises	150214		
31	Matières et fournitures			
32	Emballages commerciaux			
33	Produits semi-ouvrés			
34	Produits finis			
35	Produits et travaux en cours			
36	Stocks à l'extérieur			
	TOTAL des valeurs d'exploitation			
	VALEURS RÉALISABLES			
40	Fournisseurs, avances et acomptes versés			
41	Clients			
42	Personnel			
43	État			
44	Propriétaire et associés			
45	Sociétés apparentées	2265715,4		
46	Débiteurs divers			
47	Comptes de régularisation d'actif			
51	Prêts à moins d'un an			
52	Titres à court terme			
54	Effets et warrants à recevoir			
55	Chèques et coupons à encaisser			
	TOTAL des valeurs réalisables			
	VALEURS DISPONIBLES			
56	Banques et institutions financières			
57	Caisse	32060,		
	TOTAL des valeurs disponibles			
	TOTAL GÉNÉRAL	15468849,2	3805426	14 78130

Certifié sincère et conforme aux règles du P.C.G.C

Nom du signataire : ....

Qualité du signataire : ....

Mode d'évaluation : - Stocks :
- Valeurs immob...

Voici le volet « passif » du bilan déclaré en réaction à l'article de Marc Nexon.

BILAN (Deuxième partie)

Exercice du 01 01 09 au 31 12 09 — Code pi[...]

PASSIF

DESIGNATION DES COMPTES	VALEURS A LA CLOTURE DE L'EXERCICE — MONTANTS NETS
CAPITAL	
- Capital	6 000,—
- Primes d'émission	
Réserves	
- Réserves légales	
- Autres réserves	
Report à nouveau	5 551 761,5
Résultat à conserver	-506 219,5
Plus-values et provisions réglementées	
Charges à étaler (à déduire)	
TOTAL : SITUATION NETTE	5 051 479,5
Subventions d'équipement	
Emprunts et dettes à long terme	
Emprunts et dettes à moyen terme	4.983 037,51
dont partie à payer à moins d'un an	
Provisions pour charges et pertes	
TOTAL de fonds propres et autres capitaux à long et moyen terme	
FONDS DE ROULEMENT (NEGATIF)	
DETTES A COURT TERME	
Résultat à distribuer	4 548 039,79
Fournisseurs	
Clients, avances et acomptes reçus	
Personnel	
Etat	
Propriétaire et associés	205 750, ᵘ
Sociétés apparentées	
Créditeurs divers	
Comptes de régularisation de passif	
Emprunts à moins d'un an	
Effets et warrants à payer	
Banque (découverts)	
TOTAL de dettes à court terme	
TOTAL GENERAL	14 788 306, 8

Engagements réciproques

Certifié sincère et c[...]
Nom du signataire
Qualité du signatai[...]

Voici le compte d'exploitation de MCK, en réaction à l'article de Marc Nexon.

On m'a expliqué que *« le compte d'exploitation montre une perte de 506.219 qui diverge avec la déclaration fiscale d'une perte de $US 501.798,3. Même si les écritures bilantaires étaient en francs congolais, il y a une différence qui provient davantage de la manipulation des chiffres que du taux de change ».*

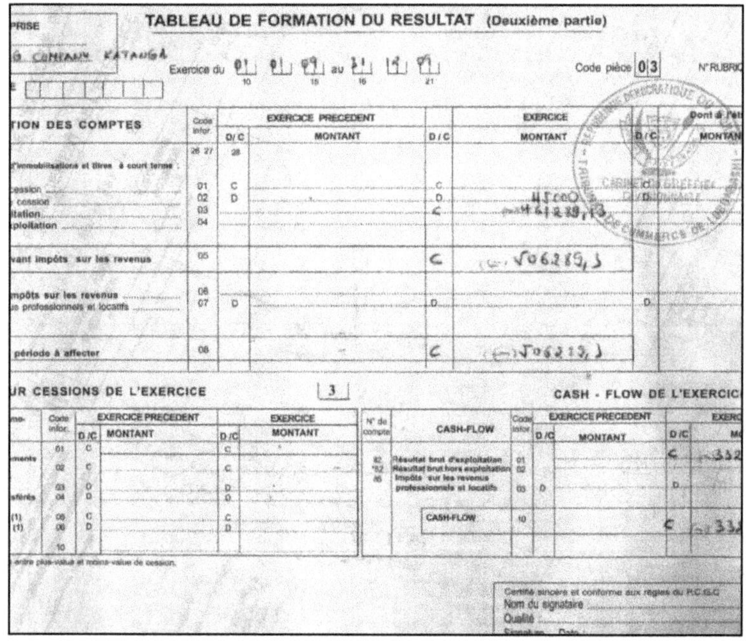

Deux images illustrent le chemin parcouru par un nouveau riche qui dirige des affaires publiques et doit veiller au sort des populations, lorsque les impôts ne sont pas payés :

Le jet intercontinental de MKa immatriculé N353VA

On me dit : *« par la colère des dieux, l'avion a vite crashé ».* La population a reçu des « dons ». Des ambulances marquées « don de Moïse » se sont vite retrouvées sans roues.

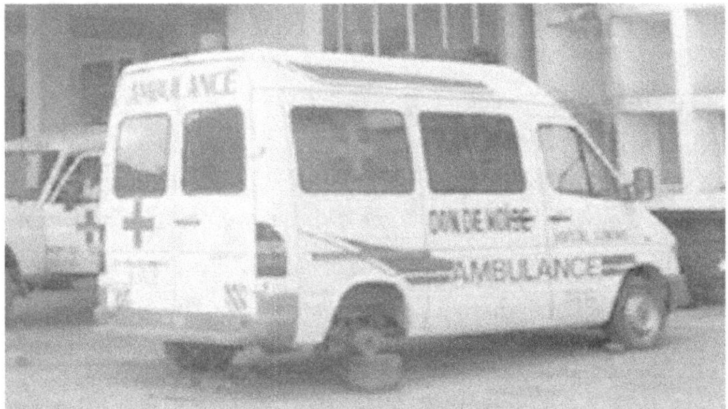

L'aumônier de l'hôpital Sendwe, le Père Baudouin Waterkeyn a laissé sur son blog ce témoignage : *« Le gouverneur aurait du participer au fonctionnement de l'hôpital, il reste silencieux. Par contre on reçoit l'une ou l'autre ambulance, mais surtout des camions corbillards... La morgue est de loin la "salle" la plus fréquentée. Visite des toilettes : une saleté, inimaginable pour un hôpital. Pas une goutte d'eau....alors qu'en grande pompe, il y avait eu des félicitations officielles pour la restauration du château d'eau ».*

LA MISE À MORT DE MCK, EN 2010

À cause du journaliste français, MCK et les affaires visibles de MKa ont été contraintes à davantage de visibilité fiscale. On me dit : *« C'est le contraire des plans de MKa. MCK qui était le cheval de Troie de plusieurs opérations obscures était devenue embarrassante. Avec MCK, il y avait un risque de remonter au jackpot de $US 61 millions. Il était temps d'éliminer complètement MCK… »*

Le 20 septembre 2010, MCK cède tout son actif à la société TAVIR INDUSTRIES Sprl. Totalement dépouillée, MCK n'a plus rien à elle.

On me rappelle : *« cette cession survient au lendemain des révélations du magazine français Le Point et de la première déclaration fiscale qui avait été faite, dans la précipitation, le dernier jour utile, le 31 mars 2010 ».*

Aucun montant de la transaction n'est fourni. Pour un comptable : *« il ne suffit pas de vider l'actif, cela déséquilibre les comptes et il fallait que le même montant soit inscrit au passif. »*

Un avocat m'a précisé : *« la volonté de faire disparaître MCK est incontestable. Juridiquement, la cession de la totalité de l'actif entraînait ipso facto la dissolution de la société MCK… L'absence de données sur les montants de la transaction est une caractéristique des opérations d'évasion fiscale ou de blanchiment… »*

Mais un autre spécialiste a relevé les dessous du bénéficiaire de la cession, la société TAVIR INDUSTRIES Sprl.

« Le bénéficiaire n'est pas documenté. On ne fournit ni son siège social, ni son numéro d'impôt, ni son numéro au nouveau registre de commerce. Mais comme TAVIR est représentée par un Kitangu, on peut se demander si la cession n'était pas, en réalité, un acte de partage ? Car jusque-là Katumbi s'était approprié des $US 61 millions revenant à MCK, alors qu'Ignace Kitangu apparaissait comme le coassocié à 50 %… Puis on a parlé de la mort brutale de Kitangu, suite à une vive discussion sur le partage… Cela semble un divorce avec indemnisation du conjoint !»

Voici le procès-verbal qui marque le tournant dans MCK.

MINING COMPANY KATANGA
SOCIETE PRIVEE A RESPONSABILITE LIMITEE
SIEGE SOCIAL : 90 INDUSTRIELLE, KAMPEMBA
LUBUMBASHI
NRC : 8518 LUBUMBASHI ID.NAT 6-12-N39595B

PROCES-VERBAL D'ASSEMBLEE GENERALE EXTRAORDINAIRE

L'an 2010, vingt sixième jour du mois de septembre s'est tenu une Assemblée Générale Extraordinaire de la MINING COMPANY KATANGA Sprl en sigle MCK SPRL, ayant son siège social sur l'avenue industrielle n° 90, Commune de Kampemba à Lubumbashi et enregistrée au nouveau registre du commerce sous le numèro 8518, identification national 6-12-N39595.

Bureau – Présences - Procuration

Sont présents ou représentés :

- VIRGINIKA SPRL représentée par Madame CARINE NAHAYO.
- Madame IRENE KANDU KAFITA.
- TAVIR INDUSTRIES SPRL, représentée par procuration par Monsieur BOB MUHEMBO KITANGU.

L'Assemblée Générale extraordinaire des Associés est présidée par Madame Carine NAHAY0 et Madame Irène KANDU secrétaire du bureau.

Après vérification des mandats, les Associés présents constatent que l'Assemblée Générale extraordinaire des Associés de MCK S.P.R.L. se tient conformément au Statut, d'une part, et que tous les associés sont présents ou représentés, d'autre part.
 Le quorum étant ainsi atteint, l'Assemblée Générale extraordinaire des Associés de MCK SPRL peut, siéger valablement et délibérer sur les points inscrits à son ordre du jour

L'ordre du jour.

L'Assemblée Générale adopte l'ordre du jour suivant :

1. Présentation de la gestion et la liste des actifs de la société.
2. Cession de l'actif de MCK SPRL à TAVIR INDUSTRIES SPRL

<u>**Examen des points inscrits à l'ordre du jour - Résolutions**</u>

Après consultations et délibérations, l'Assemblée Générale extraordinaire prend les résolutions suivantes :

- L'Assemblée Générale prend acte de la gestion et approuve la liste des actifs de MCK SPRL ;
- L'assemblée générale approuve la cession de tout son actif à TAVIR INDUSTRIES SPRL ;

La société donne pouvoir à Maître Clarisse KAYATA de procéder aux formalités notariales du présent Procès-verbal, ainsi que du dépôt au Tribunal de Commerce de LUBUMBASHI.

<u>**Vote des Résolutions**</u>

Les résolutions ci-dessus ont été votées à l'unanimité par les Associés présents ou représentés.

Commencée à 14Heures, l'Assemblée Général a pris fin à 15H 30'

VIRGINICA MINING SPRL

Madame IRENE KANDU KAFITA.

TAVIR INDUSTRIES SPRL.

ÉVOLUTIONS DU CAPITAL 50/50 DANS MCK

La société, constituée en 2001, a eu deux associés 50/50 qui ont successivement cédé leurs parts. Mais en 2011, il n'y en avait plus qu'un seul. De ce fait, la société était dissoute. Mais elle a été relancée avec l'entrée de CARINE, la nouvelle épouse de MKa, qui poursuit sans doute le même rôle de prête-nom de l'ancienne épouse zambienne BETTI.

DISSOLUTION CONSOMMÉE EN AVRIL 2011

Le 30 avril 2011, MCK, dépouillée de tout élément d'actif depuis septembre 2010, est formellement dissoute par décision d'une assemblée générale. Cette réunion constate la sortie du capital de Kitangu. Katumbi est seul aux commandes.

PROCES VERBAL D'ASSEMBLEE GENERALE EXTRAORDINAIRE DE LA SOCIETE MINING COMPANY KATANGA SPRL NRC 8518 SIEGE SOCIAL : N°90 AVENUE INDUSTRIELLE COMMUNE DE KAPEMBA

L'an 2011, le trentième jour du mois d'avril, il s'est tenu une assemblée générale extraordinaire de la société Mining Company Katanga SPRL en sigle MCK. SPRL enregistrée au nouveau registre du commerce sous le numéro 8518, ayant son siège social au n°90 industrielle à KAMPEMBA.

SONT PRESENTS

- VIRGINIKA MINING SPRL représentée par Madame Carine NAHAYO
- CARINE MWETSHENU MULUNDA, Secrétaire.
- KANDU KAFITA IRENE

QUORUM

L'associé déclare qu'étant resté seul dans la société et n'ayant pas trouvé d'autre partenaire, il n'y a plus lieu à une convocation de l'assemblée.

ORDRE DU JOUR

- Situation financière de l'entreprise
- Dissolution de la société

DEROULEMENT DE LA REUNION

Madame KANDU KAFITA Irène présente les états financiers de la société, il ressort des résolutions suivantes :

Première résolution
Après examen de la situation financière de la société caractérisée par une détérioration de l'outil de travail et étant donné que la société ne possède qu'un associé, VIRGINIKA SPRL, ce dernier décide de dissoudre la société

On me précise : *« Le PV montrait la sortie de IKM de Kitangu et qu'il ne restait plus au capital que Virginika de Katumbi. Comme l'épouse de MKa est gérante de Virginika, elle est aussi la gérante de MCK. Selon les lois, il faut qu'il y ait au moins deux associés. Dès le moment où il n'y a plus qu'un seul actionnaire, la société est dissoute de plein droit. Ce PV était celui d'un constat, plutôt que d'une décision. »*

VOTE

Ces résolutions sont adoptées et sont donc abrogées toutes les dispositions antérieures et contraires aux présentes résolutions qui sortent ses effets à dater de sa signature .

Plus rien n'étant à l'ordre du jour, la séance est levée

Fait à Lubumbashi, le 30/ 04/2011

KANDU KAFITA

VIRGINIKA SPRL

MWETSHENU MULUNDA

La dissolution a été déposée au registre de commerce

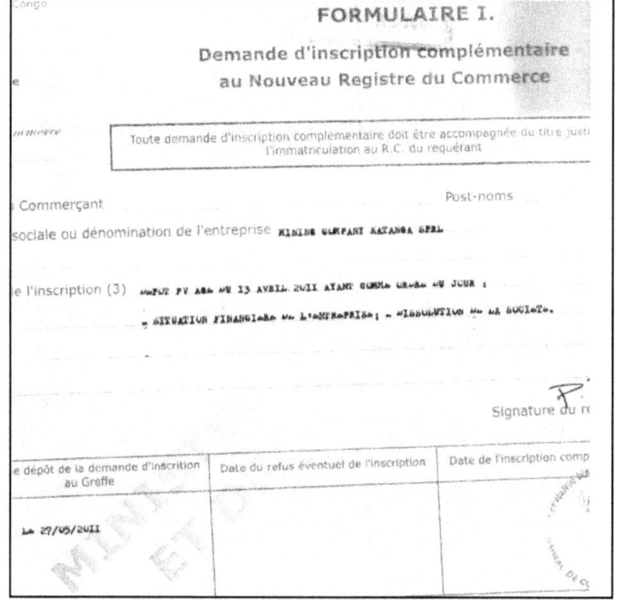

FORMULAIRE I.

Demande d'inscription complémentaire
au Nouveau Registre du Commerce

Toute demande d'inscription complémentaire doit être accompagnée du titre justi l'immatriculation au R.C. du requérant

Commerçant   Post-noms

sociale ou dénomination de l'entreprise MINING COMPANY KATANGA SPRL

l'inscription (3) DEPOT PV AGE DU 13 AVRIL 2011 AYANT COMME ORDRE DU JOUR :
- SITUATION FINANCIERE DE L'ENTREPRISE; - DISSOLUTION DE LA SOCIETE.

Signature du re

e dépôt de la demande d'inscription au Greffe	Date du refus éventuel de l'inscription	Date de l'inscription comp
Le 27/05/2011		

RÉSURRECTION DE MCK, DÉJÀ MORTE

MCK était triplement dissoute, selon un avocat : *« elle n'avait plus d'actif ; elle n'avait plus qu'un seul associé. En plus, une décision déposée au tribunal a décidé la dissolution »*.

Le 7 juin 2011, MCK est « ressuscitée ». L'épouse belge de MKa entre dans le capital. Le siège social est fixé à la parcelle de l'avenue Mahenge où MKa habitait lorsqu'il était contre-maître de Raphaël Katebe Soriano. La ;même parcelle qui le fera condamner en 2016 pour escroquerie.

PROCES-VERBAL DE L'ASSEMBLEE GENERALE EXTRAORDINAIRE DU 07 JUIN 2011

L'an deux mille onze, le septième jour du mois de juin, il s'est tenu à Lubumbashi, Commune de Kampemba, au numéro 90 de l'avenue industrielle, siège de la société Mining Company Katanga SPRL, MCK SPRL. en sigle, une Assemblée Générale Extraordinaire.

I. CONVOCATION

Par les deux Associées : la société Virginika Mining représentée par Madame Carine NAHAYO et Madame Carine NAHAYO.

II. ORDRE DU JOUR

a) Adhésion d'une nouvelle Associée ;
b) Poursuite des activités de la société
c) Changement de siège social.

III. DEROULEMENT DE LA REUNION

Après avoir constaté l'adhésion d'une nouvelle Associée en la personne de Madame Carine NAHAYO ;

Attendu que la société n'a pas encore été effectivement dissoute ;

Attendu que la société entend reprendre normalement ses activités et à l'unanimité des voix, les résolutions suivantes ont été prises :

- Première résolution :

La société MCK SPRL prend acte de l'adhésion de la nouvelle Associée, en la personne de Madame Carine NAHAYO.

- Deuxième résolution :

Les deux Associées décident de reprendre normalement les activités de la société MCK SPRL.

- Troisième résolution :

Le siège social de la société MCK Sprl est transféré au 08 Av. Mahenge, Quartier Industriel, Commune Kampemba, Lubumbashi.

- Quatrième résolution :

Par le présent Procès-Verbal, les Associées annulent celui pris lors de l'Assemblée Générale Extraordinaire du 30 avril 2011 relatif à la situation financière et à la dissolution de la société.

- Cinquième résolution :

Les Associés conviennent que le présent Procès-Verbal fait partie intégrante des statuts de la société MCK SPRL et fera l'objet d'une inscription complémentaire au Nouveau Registre de Commerce.

Tous les points inscrits à l'ordre du jour étant épuisés, la séance est levée.

Commencée à 09 H 00', la réunion a pris fin à 10 H 00'.

Fait à Lubumbashi, le 07 juin 2011

LES ASSOCIEES :

- **Société Virginika Mining SPRL**
  représentée par Madame Carine NAHAYO ;

- **Madame Carine NAHAYO**

On me fait remarquer que l'épouse Carine NAHAYO signe pour elle-même et pour Virginika mining. *« Ceci montre que l'opération obéit à des "raisons personnelles" de MKa ».*

Mais un juriste me dit : *« cette assemblée est factice et sans valeur aucune. On constate l'entrée d'un deuxième associé, mais sans indiquer ses parts dans le capital ; ce qui a été souscrit et ce qui a été libéré. De plus, on ne peut ressusciter un mort ; la dissolution obligeait à liquider MCK, quitte à former une toute nouvelle société. »*

Cette résurrection a été déclarée au registre de commerce.

Demande d'inscription complémentaire
au Nouveau Registre du Commerce

Toute demande d'inscription complémentaire doit être accompagnée du titre justifiant l'immatriculation au R.C. du requérant

DU COMMERÇANT :   POST-NOMS :

ON SOCIALE ou DENOMINATION DE L'ENTREPRISE : MINING COMPANI KATANGA SPRL " MCK "

T DE L'INSCRIPTION (3) DEPOT PV AGE DU 07 JUIN 2011 AYANT COMME ORDRE DU JOUR :
- L'ADHESION DE LA NOUVELLE ASSOCIEE, EN LA PERSONNE DE MADAME CARINE N
- POURSUITE DES ACTIVITES DE LA SOCIETE;
- TRANSFERE DU SINGE SOCIAL DE LA SOCIETE MCK AU N° 08 DE L'AVENUE MAN

Signature du requérant (1) (ou d

le d'inscription	Date du refus éventuel de l'inscription	Date de l'inscription complémentaire au R.C.
		25 juin 2011

plémentaire accordée : 1° sur le formulaire de la demande d'immatriculation au R.C. constituant le feuillet du Registre

Pour un fiscaliste : *« lorsqu'une société est dissoute, on doit très rapidement le déclarer au fisc et se soumettre à un contrôle de clôture qui porte sur tout le passé, parce qu'on doit évaluer et taxer les plus-values accumulées depuis la création de l'entreprise. Est-ce que ceci expliquait cela ? La mise en liquidation risquait de remettre en surface le passé fiscal sulfureux de MCK… »*

Un observateur m'avait dit que : *« tout est compliqué avec MKa. La création d'une société nouvelle est facile ; seules des raisons obscures justifiaient de relancer MCK, surtout qu'ils l'avaient déjà vidée de tout son actif. Ceci montre qu'on se trouvait, non pas dans une gestion ordinaire et normale, mais dans des opérations de spéculation».*

Tous ces commentaires n'abordaient pas les réalités cachées de MCK qui était restée propriétaire de valeurs de portefeuille ; celles-ci allaient refaire surface.

LES CHINOIS ET LE TROISIÈME JACKPOT

MCK n'avait pas inscrit, dans sa comptabilité, le portefeuille gagné dans le jackpot de Kinsevere.

Il y avait 1.474.503 actions obtenues en 2006 dans Anvil Mining Limited cotée à la Bourse de Toronto.

Il y avait aussi 5 % dans le capital de la société AMCK (Anvil Mining Company Katanga), bénéficiaire de la fabuleuse mine de Kinsevere.

Après 2007, la société AMCK réunit régulièrement des assemblées générales des associés avec MCK pour 5 %. L'une d'elles décida de renommer AMCK (Anvil Mining Company Katanga) en AMCK (Anvil Mining Concentrate Kinsevere).

En 2009, la firme de trading TRAFIGURA BEHEER BV entre dans le capital de Anvil pour 39 % ; elle fournit les centaines de millions de dollars nécessaires pour le développement final du projet.

Le site Congomines présente ainsi la fiche de Kinsevere :

Contrats : Aucun des contrats n'a été publié.

Production de Kinsevere :

2010: 32.154t de Concentrés de Cuivre-Cobalt à environ 21 % Cu
2011: Cathodes de Cuivre à 99.9 %.

Revenus et taxes (ITIE) :

·Selon la compagnie : $US 3.141m ; mais selon l'État : $US 2.335m.

Pas-de-porte total à payer : 15 millions.
(Nb sans documents accessibles).

Redevances à payer :

· pour l'année 2009 : $US 119.950
· pour l'année 2010 : $US 235.938

On m'explique : « *lorsque MKa réactive MCK en juin 2011, il est parmi les premiers informés des spéculations autour de la revente de tous les titres en bourse de Anvil Mining. Les Australiens allaient clôturer leur aventure minière en RDC ; cela lui permettrait de négocier les titres de MCK. La vente des 95 % de Anvil dans AMCK permettait la cession des 5 % que MCK détenait toujours dans Kinsevere* ».

Le 30 septembre 2011, Elisabeth Behrmann de l'agence Bloomberg publie la dépêche suivante, traduite et résumée :

Minmetals (MMR) rachète Anvil Mining

La MMG MALACITE LIMITED, une succursale 100 % de la chinoise Minmetals Resources Limited (MMR), elle-même une division de China Minmetals Group, une entreprise de l'État chinois, va racheter Anvil Mining pour 1,3 milliard de dollars canadiens (environ $US 1 milliard). China Minmetals est la plus importante firme de trading en Chine. Anvil produira chaque année 60.000 tonnes de cuivre cathode. Avec Anvil, MMR augmentera ses livraisons de 60 % et, ses réserves, de 75 %.

Cette acquisition fait partie de la stratégie de la Chine pour accéder aux matières premières. Ce pays qui est le plus grand consommateur de métaux, qui vont du cuivre au zinc, est à la recherche de nouvelles sources afin de soutenir sa croissance industrielle. Rien que cette année, la Chine a dépensé $US 17 milliards pour racheter des mines en vue de garantir ses approvisionnements.

Un autre groupe chinois, la Jinchuan Group Ltd a racheté pour $US 1,3 milliard Metorex Ltd (Nb Ruashi Mining) qui produit du cuivre. De son côté, Sichuan Hanlong Group se propose de racheter Sundance Resources Ltd. qui détient un gisement de fer en RDC pour $US 1,2 milliard.

Je note que quatre années auparavant, en 2007, la RDC avait annoncé la conclusion d'un contrat avec des Chinois qui investiraient $US 3,0 milliards dans une mine qui produirait 400.000 tonnes de cuivre par an, pendant 25 ans.

On me dit : « *avant même que ce projet n'ait démarré, les Chinois de MMG et de JINCHUAN ont payé presque autant pour les mines de Kinsevere et de Ruashi mais pour accéder au quart des ressources du « contrat du siècle » de 2007, et pour moins de dix années. Ceci illustre le pillage minier par les dirigeants Congolais, alors que les lois du marché pourraient rapporter davantage au pays* ».

Pour un observateur, *« l'intérêt de la Chine pour le cuivre était évident. Mais ce qui avait attiré MMG, ce sont les conditions exceptionnellement avantageuses du contrat léonin que MKa avait concocté : 60.000 tonnes de cuivre par an étaient plafonnées au cours de $US 4.000 pour payer des royalties de 1,75 % au propriétaire de la mine, la Gécamines. Ceci donne un loyer maximum de $US 4,2 millions alors que le cours réel moyen était déjà de $US 7.500 et rapporterait à MMG $US 450 millions. Soit 100 fois plus… De quoi amortir l'achat d'une mine sur une période semblable à l'achat d'une voiture… Avec le pillage, la spéculation est récompensée ; elle passe avant les intérêts du pays ».*

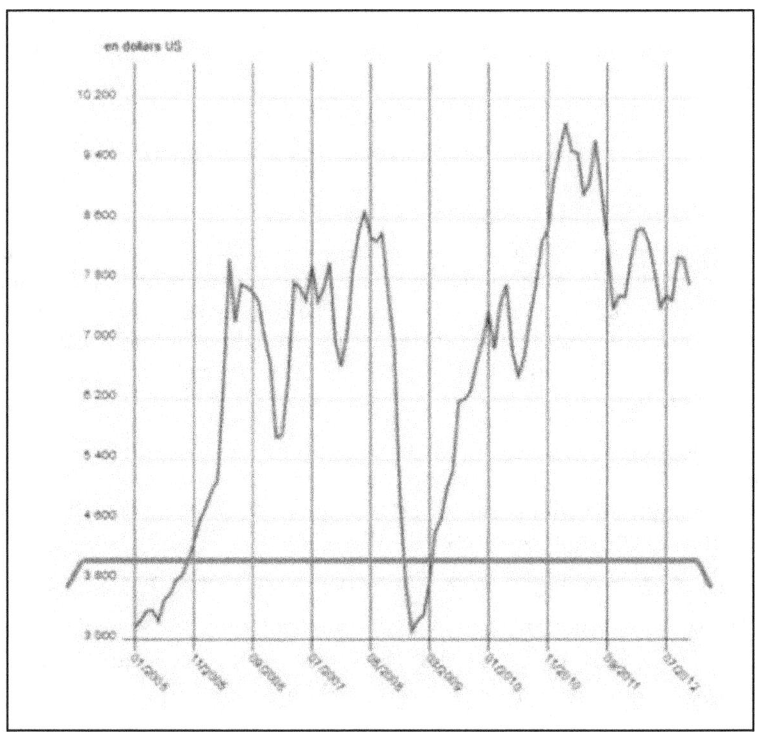

« Le système de pillage rendait Kinsevere très attractif… Les Chinois l'ont vite compris. Comme Anvil Mining était à la Bourse de Toronto, ils ont lancé une OPA », ajoute l'observateur. Il poursuit :

« Les Chinois ont offert près de 3 fois la valeur comptable d'une action. Dès le début, les Australiens d'Anvil n'avaient pas eu de fonds propres pour investir. Ils avaient été à la Bourse de Toronto, puis à Washington pour faire assurer leurs opérations par la Banque Mondiale. Voilà que des Chinois leur permettaient de se retirer avec un bénéfice équivalent à ce que Kinsevere leur aurait rapporté pendant dix ans. De son côté, l'associée Trafigura était entrée dans la mine uniquement pour rendre le projet opérationnel et réaliser son activité traditionnelle de vendeur des métaux ; leur financement leur assurait l'exclusivité des produits pour la durée de vie de la mine, fût-elle aux mains de Chinois. Pour MKa, l'offre chinoise lui procurait du cash à la Bourse de Toronto pour ses 1.474.503 actions, et dans AMCK pour ses 5% ! Bref, la venue des Chinois arrangeait tout le monde. »

Un membre de cabinet ministériel me dit : *« cette OPA qui intervenait après la révision des contrats de base montrait que les investisseurs continuaient à se sucrer, comme on dit, au nez et à la barbe de Kinshasa. L'autorité au pouvoir avait dicté les premiers contrats léonins, mais on s'interrogeait ouvertement sur la poursuite de l'enrichissement par la revente des droits miniers, garantis par les contrats. On était bloqué parce qu'ils opéraient avec des offshores dans des paradis fiscaux ou des domiciles fiscaux en dehors de la RDC. Selon les habitudes, les dirigeants pouvaient profiter des nouvelles transactions spéculatives pour soulever des difficultés qu'ils lèveraient ensuite, moyennant un pourboire. Mais à la fin de la journée, s'il y avait un changement d'exploitant, pour la RDC, le contrat léonin restait tel quel… N'oubliez pas que AKM, le parrain des contrats, était aux affaires lorsque l'OPA chinoise a été acceptée côté Congolais. Il trouva la mort le surlendemain… »*

On m'a informé d'un début de patriotisme : *« l'ordonnance-loi n° 13/008 du 23 février 2013 a modifié et complété les articles 68 et 69 de l'ordonnance-loi n° 69/009 du 10 février 1969 relative aux Impôts Cédulaires sur les Revenus. Maintenant. On taxe les bénéfices réalisés par des personnes physiques ou morales étrangères qui ont, en RDC, des établissements permanents ou fixes».* J'ai noté que dans ses 28 mesures économiques de 2016, le gouvernement congolais visait, en premier, « l'évaluation et l'audit des contrats d'amodiation et de partenariat sur les mines… »

L'OPA CHINOISE

Avec leur Offre Publique d'Achat (OPA), les Chinois rachètent, pour environ \$US 1 milliard, toutes les actions de la société Anvil Mining, cotée à la Bourse canadienne de Toronto. La valeur comptable de l'ensemble du capital était de seulement \$US 0,350 milliard lors des aménagements de 2009 effectués à l'occasion de l'entrée au capital de Trafigura.

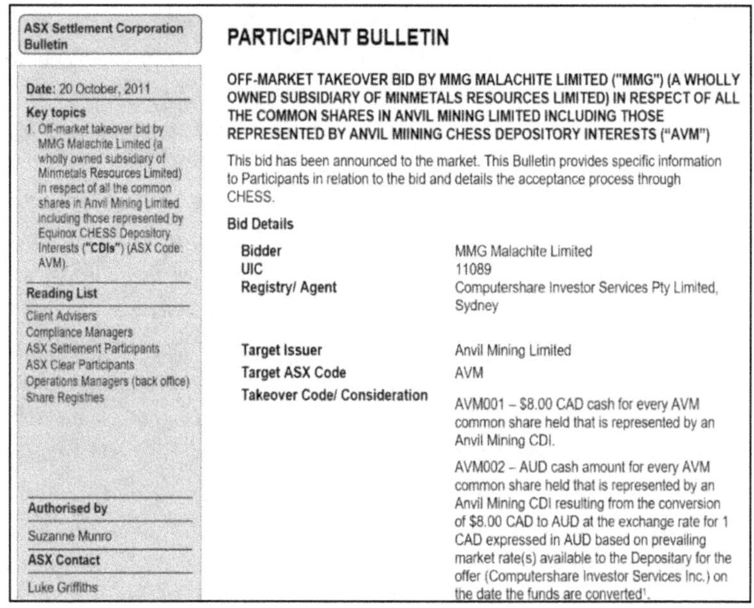

ASX Settlement Corporation Bulletin

Date: 20 October, 2011

Key topics

1. Off-market takeover bid by MMG Malachite Limited (a wholly owned subsidiary of Minmetals Resources Limited) in respect of all the common shares in Anvil Mining Limited including those represented by Equinox CHESS Depository Interests ("CDIs") (ASX Code: AVM).

Reading List

Client Advisers
Compliance Managers
ASX Settlement Participants
ASX Clear Participants
Operations Managers (back office)
Share Registries

Authorised by

Suzanne Munro

ASX Contact

Luke Griffiths

PARTICIPANT BULLETIN

OFF-MARKET TAKEOVER BID BY MMG MALACHITE LIMITED ("MMG") (A WHOLLY OWNED SUBSIDIARY OF MINMETALS RESOURCES LIMITED) IN RESPECT OF ALL THE COMMON SHARES IN ANVIL MINING LIMITED INCLUDING THOSE REPRESENTED BY ANVIL MIINING CHESS DEPOSITORY INTERESTS ("AVM")

This bid has been announced to the market. This Bulletin provides specific information to Participants in relation to the bid and details the acceptance process through CHESS.

Bid Details

Bidder	MMG Malachite Limited
UIC	11089
Registry/ Agent	Computershare Investor Services Pty Limited, Sydney
Target Issuer	Anvil Mining Limited
Target ASX Code	AVM
Takeover Code/ Consideration	AVM001 – \$8.00 CAD cash for every AVM common share held that is represented by an Anvil Mining CDI.
	AVM002 – AUD cash amount for every AVM common share held that is represented by an Anvil Mining CDI resulting from the conversion of \$8.00 CAD to AUD at the exchange rate for 1 CAD expressed in AUD based on prevailing market rate(s) available to the Depositary for the offer (Computershare Investor Services Inc.) on the date the funds are converted[1].

Extrait de l'avis boursier de l'OPA chinoise.

En clair, les Chinois proposaient de payer 2,9 fois plus cher. Le rachat est accueilli favorablement par la Gécamines, partenaire à Mutoshi et par MCK, associée à Kinsevere.

On m'explique :

« On a poussé Gécamines à obtenir quelque chose. Après tout, les Chinois paient près de 3 fois la valeur comptable. C'est la même logique des renégociations des contrats miniers de 2007 qui prédomine. On évite que l'opinion publique n'aille chercher plus loin… On lui présente un peu de sucre pour enrober la pilule amère ».

Le 12 février 2012, AKM trouve la mort dans le crash du jet d'affaires Gulfstream IV appartenant à MKa.

« Il est remarquable que le nom du propriétaire n'a jamais transpiré dans la presse. C'était gênant pour MKa. Cet accident était révélateur des dividendes du pillage. Comment, en 5 années seulement, MKa a eu de quoi s'acheter un jet de $US 25 millions ? Sans parler de ses autres frasques et signes extérieurs de richesse. Il ne peut absolument pas justifier de tels revenus. Et même, avait-il jamais payé le Fisc sur ce qu'il a gagné ? Dans quel pays ? Pas au Congo, en tout cas » m'a-t-on dit.

On me rappelle qu'*« en 2010, l'Israélien Dan Gertler avait offert un Falcon 100 à AKM, au lendemain de l'obtention de blocs pétroliers du Lac Albert par ses sociétés Caprikat Ltd. et Foxwhelp Ltd. Mais c'est MKa qui profitera le premier de cet avion, pour voler vers la Grande-Bretagne. Cette fois, MKa avait acquis son propre jet transcontinental ; il le prêta AKM pour joindre Kinshasa à Lubumbashi, via Goma et Bukavu où il crasha. Voulaient-ils célébrer le deal chinois ? »*

En effet, et comme par coïncidence, deux jours auparavant la mort de AKM, Anvil publia ce communiqué, résumé :

Minmetals Resources Limited rachète toutes les actions de Anvil

Le 29 septembre 2011, Anvil et MMR avaient consulté les actionnaires en RDC. Anvil est heureuse d'annoncer qu'elle a obtenu l'accord de la Gécamines pour le changement de contrôle sur la société Anvil. De même, MCK qui a 5 % dans le projet de Kinsevere a accepté ce changement de contrôle et a renoncé à toute réclamation envers MMR.
Les arrangements avec la Gécamines couvrent les deux projets de Kinsevere et de Mutoshi.
Anvil paiera $US 55 millions à la Gécamines, pour solde de tous comptes. Anvil paiera aussi à la Gécamines une royaltie de $US 35 par tonne sur les nouvelles découvertes de réserves de cuivre à Kinsevere.

On m'explique : *« ce communiqué est révélateur d'une face cachée des contrats léonins. Anvil parle de consulter les actionnaires en RDC. Dans les papiers, les Australiens possédaient Kinsevere (société AMCK, avec 5 % pour Katumbi) et Mutoshi (société Minière de Kolwezi SPRL-SMK, avec 30 % pour Gécamines). Mais les connaisseurs disent que des autorités congolaises obtiennent des parts de capital qui sont dissimulées derrière les titres attribués généreusement aux investisseurs étrangers. On trouve souvent dans des conseils d'administration de partenaires étrangers, des obligés personnels du pouvoir. Le système de corruption est tel que les étrangers acceptent de servir de prête-noms pour dissimuler les parts de capital des autorités. Dans Anvil Mining, AKM avait siégé au conseil d'administration et téléguidé le massacre de Kilwa pour sécuriser ce minier. Mais, suite au blâme humanitaire, il fut écarté, mais sans disparaître, car il gardera des pouvoirs de décision et fera embaucher son propre oncle, ses amis… »*

Pour résumer l'OPA, les Chinois de MMR prennent la totalité des actions dans Anvil Mining pour environ \$US 1 milliard, alors qu'elles avaient une valeur comptable estimée de \$350 millions ; c'est un triple enchérissement.

La Gécamines encaisse une indemnité forfaitaire de \$US 55 millions, sans qu'on ne connaisse la part de Kinsevere ou de Mutoshi, la mine récupérée par MKa et le pasteur Ngoie.

Pour Kinsevere, les royalties resteront, comme déjà fixées, de maximum \$US 35 au cours de cuivre de \$US 4.000 la tonne pour toute la durée de vie de la mine. Mais la royaltie serait déplafonnée (donc pourrait aller au-delà de \$US 4.000) uniquement pour de nouvelles découvertes de réserves de cuivre. *« Autant rêver… »*, me dit-on.

À ce stade, Katumbi encaisse la vente aux Chinois des 1.474.503 actions revenant à MCK selon les accords de 2006. *« Il est évident qu'entre 2006 et 2012, les parts des fondateurs de Anvil n'avaient pas pu fondre au point d'être diluées lors des augmentations de capital. Ces gens avaient certainement trouvé des formules pour garder le bénéfice des plus-values. Le nombre réel des titres de MKa devait être supérieur à leur nombre de 2007 »*, me confie un expert.

Je note que ces 1.474.503 actions sont payées cash.

Le troisième jackpot de MKa.

LE QUATRIÈME JACKPOT

Au moment du rachat par les Chinois, la société AMCK (Anvil Mining Concentrate Kinsevere) a deux actionnaires : Anvil devenue chinoise pour 95 % et MCK pour 5 %.

Mais il est déjà annoncé dans la presse financière que MKa revendra les 5 % aux Chinois. Le site Congomines décrit ainsi l'évolution de la structure du capital dans AMCK :

De 2007 à 2012, Anvil avait 95 %, et MCK 5 % :

Anvil Mining Ltd	
Pourcentage	95.00%
Année	2007
Actionnaires directs	
Mining Company Katanga	
Pourcentage	5.00%
Année	2007
Actionnaires directs	

Lors de la vente de 2012, MMG (chinois) a remplacé Anvil pour 95 %, et MCK gardait toujours 5 % :

MMG Limited (ex Minmetals Resources Ltd)	
Pourcentage	95.00%
Année	2012
Actionnaires directs	
Mining Company Katanga	
Pourcentage	5.00%
Année	2012
Actionnaires directs	

Puis à partir d'une date inconnue, MMG a totalisé 100 %, preuve que MCK avait quitté la société :

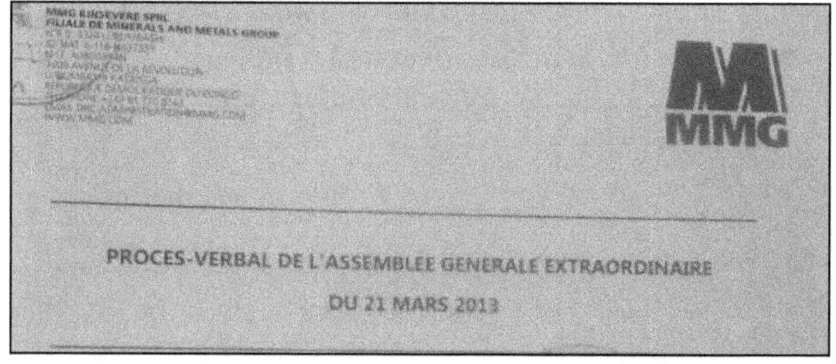

Les Chinois ont fait vite.

Ils ont racheté MCK ; c'est-à-dire qu'ils ont payé MKa.

Seuls maîtres à bord, ils changent le nom de la société AMCK en « MMG Kinsevere ».

Ces opérations ont pu être vérifiées lors de l'assemblée générale des associés réunis le 21 mars 2013.

La liste des présences indique les deux nouveaux associés :

-   Anvil Mining Investments Limited : 9999 parts

-   Anvil Mining Limited : 1 part

Avec l'OPA, MMG avait racheté tout Anvil. Par conséquent, les deux sociétés Anvil sont, en réalité, des firmes chinoises.

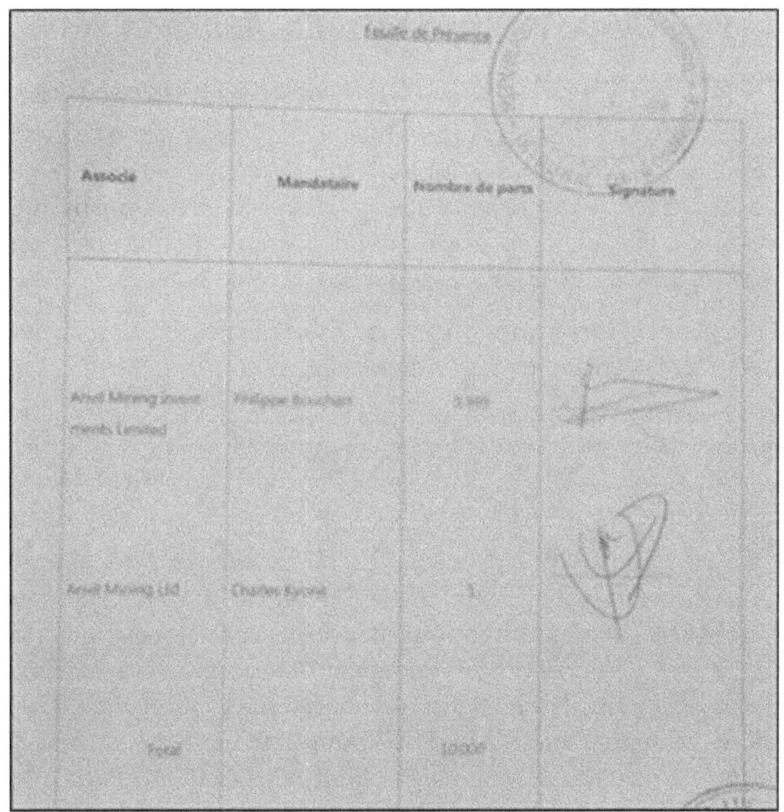

On m'explique : « *La feuille des présences de 2013 indique que MCK n'est plus dans le capital. Sur les 500 parts sociales, 499 ont été rachetées directement par le groupe chinois propriétaire de Anvil Mining Investments Limited. Une part symbolique est revenue à Anvil Mining Limited, parce que, selon les lois, il fallait au moins deux associés* ».

Combien a rapporté la vente des 5 % de MCK ?

Pour faire simple, on ne va pas se référer aux cours de change variables entre les dollars canadiens et américains et aux différentes subdivisions du groupe Anvil. Mais pour se faire une idée, la vente aux Chinois au prix d'environ $US 1 milliard portait sur Anvil qui avait 95 % dans AMCK. Ainsi, les 5 % détenus par MCK avaient pu se vendre $US 68.421.050.

C'est le quatrième jackpot.

MCK DISPARAÎT, CORPS ET ÂME, EN 2014

L'année 2012 a été marquée par la disparition de AKM, *« le mentor des contrats miniers léonins »* me dit-on. Personne ne lui avait demandé des comptes pour ses actions qu'il avait lui-même qualifiées de « machiavéliques », dans son livre posthume « AKM : ma Verité ». Mais on lui a érigé un mausolée en marbre à Pweto, sur les terres du massacre de Kilwa.

Le règlement des comptes vient six mois plus tard. Selon Radio Okapi et l'agence chinoise Xinua :

Le 19 août 2012, des miliciens Maï armés de flèches, arcs et armes à feu, en provenance des groupements Mwenge et Kasama, ont attaqué l'armée congolaise positionnée à Pweto. Ils disaient « être venus pour libérer Pweto ». Ils voulaient aussi déterrer le corps de AKM…

La même année 2012 du rachat de Kinsevere par les Chinois, la RDC avait adhéré aux réglementations commerciales de l'OHADA (Organisation pour l'Harmonisation en Afrique du Droit des Affaires). Elle rejoignait 16 autres pays francophones : Bénin, Burkina Faso, Cameroun, Centrafrique, Comores, Congo, Côte d'Ivoire, Gabon, Guinée, Guinée Bissau, Guinée Équatoriale, Mali, Niger, Sénégal, Tchad et Togo.

Toutes les sociétés commerciales existantes durent refaire leurs statuts et s'inscrire au guichet unique pour obtenir un numéro RCCM (registre de commerce et de crédit mobilier). Elles durent se mettre en règle au plus tard le 12 septembre 2014. À défaut, ces sociétés étaient dissoutes.

Bien entendu, toutes les sociétés réellement en activité ou désireuses de poursuivre avaient pris des juristes pour couler les statuts dans les moules OHADA et se faire immatriculer.

Cet évènement a obligé de mettre à jour les dossiers des sociétés où était impliqué MKa.

À Kinsevere : les Chinois de MMG Kinsevere SARL ont refait leurs statuts :

Mais de manière étrange, les Chinois avaient gardé le même montant de capital de 2005, soit 100 millions de francs congolais ce qui équivaut à seulement $US 111.111.

Les Chinois ne faisaient pas mieux dans la spéculation de la période de pillage. Ils ne risquaient même pas des sommes réalistes en capital, alors qu'ils venaient de débourser environ $US 1 milliard pour racheter Kinsevere et Mutoshi.

Entre les Soussignés,

1. **MMG AFRICA INVESTMENTS LIMITED**, société de droit des Iles Vierges Britanniques, dont le siège social est situé au C/O Offshore Inc. Limited (OIL), P.O. Box 957, Offshore Incorporation Centre, Road Town, Tortola, représentée par Monsieur Milesn Naude ; et

2. **ANVIL MINING LIMITED**, en sigle "AML", société de droit des Iles Vierges Britanniques, dont le siège social est situé au C/O 91 Freshwater Place, Southbank, Melbourne VIC 3006, représentée par Monsieur Charles Kyona Mwamba.

Il est établi ainsi qu'il suit les statuts de la Société à Responsabilité Limitée devant exister entre les associés et toute personne qui viendrait ultérieurement à acquérir la qualité d'associé (la « **Société** »), laquelle sera régie par l'Acte Uniforme OHADA relatif au droit des sociétés commerciales et du groupement d'intérêt économique adopté le 17 avril 1997, tel que révisé le 30 janvier 2014 et par toutes autres dispositions légales et réglementaires complémentaires ou modificatives et par les présents statuts (les « **Statuts** »).

La structure du capital a légèrement changé : MMG Africa Investments Limited a 9.999 parts et 1 seule part pour Anvil Mining Limited, (qui est une propriété 100 % chinoise).

ARTICLE 6 - <u>CAPITAL SOCIAL</u>

Le capital social est fixé à la somme de Francs Congolais 100.000.000 (Francs Congolais cent millions) et divisé en 10.000 (dix mille) parts de même catégorie d'une valeur de Francs Congolais de 10.000 (Francs Congolais dix mille) chacune entièrement libérée en numéraire comme suit :

Identité apporteurs	Nombre des parts	Valeur nominale	Montant apports en numéraires
MMG Africa Investments Limited	9 999	FC 10.000	FC 99.990.000
Anvil Mining Limited	1	FC 10.000	FC 10.000
	10 000		FC 100.000.000

À MCK TRUCKS, la société a établi de nouveaux statuts et obtenu le numéro de registre 1671.

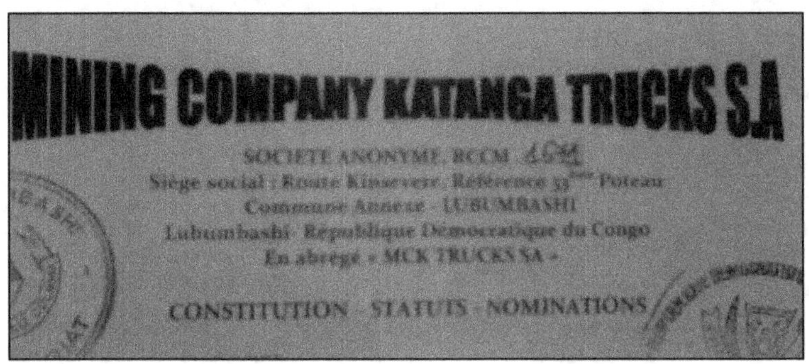

La structure du capital mentionne comme associés : Virginika Mining SARL, 2000 actions soit \$US 200.000, Seven Seas Investments Limited, 3000 actions ou \$US 300.000 et Virginika International Limited, 5000 actions ou \$US 500.000.

À Virginika Mining, la société qui avait remplacé, en 2007, Champion Katumbi dans le capital de MCK, les statuts ont été renouvelés avec l'obtention du registre numéro 1652.

La société a pour actionnaires : Carine Nahayo, épouse Katumbi, 20 % pour 90 millions de francs et Virginika International Limited, 360 millions de francs.

Article 6. Capital social

Le capital social est fixé à l'équivalent de 450.000.000 de Francs Congolais ;
Il est divisé en dix mille parts sociales représentant chacune la valeur non
millième du capital social, équivalent de 45.000 FC la part

Article 7. Souscription et libération

Toutes ces parts sociales ont été souscrites de la manière suivante

- **CARINE NAHAYO**, propriétaire de deux mille parts sociales,
nonante millions de Francs Congolais, soit 20% du capital social ;

- **VIRGINIKA INTERNATIONAL LIMITED**, propriétaire de huit
soit l'équivalent de trois cent soixante Millions de Francs Con
capital social

Les sociétés offshores

Pour le dossier MCK, ces aménagements de l'OHADA ont
dévoilé au moins deux sociétés offshores de MKa.
Nahayo, la nouvelle épouse belge fait de la figuration, à
l'exemple antérieur de la femme zambienne Betti qui avait été
utilisée dans les malversations bancaires en Belgique.
Les offshores Virginika International Limited et de Seven Seas
Investments Limited seraient, en fait, MKa lui-même.

Les listings de la TVA

L'introduction de la TVA à partir de 2011 avait perturbé le
monde des affaires. On me dit *« d'après un arrêté du 11 août 2011,
on est assujetti à la TVA lorsqu'on réalise un chiffre d'affaires annuel
égal ou supérieur à FC 80 millions ou $US 88.888. Et il faut déclarer
la taxe chaque mois, que l'on ait ou non réalisé des revenus. »*
Je note que les entreprises de MKa qui brassent plus de $88.888
par an devraient être absolument inscrites à la TVA. Pour le
Fisc, les dossiers sont suivis en province (CDI) ou à Kinshasa
(DGE), si les revenus bruts dépassant un demi-million de dollars. Les entreprises de MKa relevaient incontestablement de
la DGE et de Kinshasa. On me dit : *« que ces entreprises florissantes
soient restées en province, à CDI Lubumbashi, aux yeux et au su de tous, indiquent le degré non seulement de corruption, mais d'arrogance de MKa. »*

Fin 2015, il n'y avait que trois sociétés de MKa, rentrant dans mon sujet, répertoriées correctement à la TVA de Kinshasa.

MMG Kinsevere est assujettie à la TVA auprès de la DGE :

A0907535B	MMG KINSEVERE SARL (Ex. AMCK MINING SPRL)	-	C/ KAMPEMBA Q/ INDUSTRIEL AV/ Av. Revolution N 7409

MCK Trucks est assujettie à la TVA auprès de la DGE.

A0704688E	MINING COMPANY KATANGA TRUCKS S.A	MCK TRUCKS S.A	C/ LUBUMBASHI AV/ ROUTE KINSEVERE N 33ème P.

Bell Equipment est assujettie à la TVA auprès de la DGE.

A0713667P	BELL EQUIPEMENT	-	C/ KAMPEMBA Q/ INDUSTRIEL AV/ MAHENGE N 20

5 sociétés initiées par MKa sont à la TVA en province (CDI) :

Katanga Clay Manufactory est à la TVA de la province

3967	A1008020E	KATANGA CLAY MANUFACTORY SPRL	KCM SPRL	AV:MAHENGE N° 8 Q/ KIWELE C/ LUBUMBASHI

Virginika Mining est répertoriée à la TVA, mais en province.

A0907789C	SOCIETE VIRGINIKA MINING SPRL	VGNK	AV.MAHENGE N° 8 C/ LUBUMBASHI

La société de transports Hakuna Matata est en province

A0805722E	HAKUNA MATATA TRANSPORT	-	C/ KAMPEMBA Q/ INDUSTRIEL AV/ MAHENGE N° 8

La société de transports Habari Gani est en province

A1303302E	HABARI KANI SARL	-	C/ KAMPEMBA Q/ INDUSTRIEL AV/ AVENUE INDUSTRIELLE 73 N° 73

La société de transport Muzuri Sana est en province

A1415794J	MUZURI SANA SA	MS SA	C/ KAMPEMBA Q/ INDUSTRIEL AV/ Mahenge N° 20

Mais MCK n'apparaît sur aucune liste des assujettis à la TVA, que ce soit à Kinshasa (DGE) ou en province (CDI).

Et MCK, en 2015 ?

J'ai vérifié personnellement.

MCK, *« la plus importante et la plus visible de l'empire économique de Moïse Katumbi »*, selon Necotrans ne figure dans aucun listing de la TVA, que ce soit au niveau de la capitale Kinshasa (DGE) ou de la province du Katanga (CDI). On me dit : *« Si elle existait encore, elle réaliserait un chiffre d'affaires inférieur à $US 88.888. Comment croire cela ? »*

En 2014, MCK n'a pas renouvelé ses statuts ; elle n'a pas non plus sollicité une immatriculation à l'Ohada. C'est dire que cette société est bel et bien morte à la date fatidique du 12 septembre 2014, échéance accordée aux sociétés pour sauvegarder leur existence et poursuivre des activités.

Je n'ai vu aucune décision de MCK attribuant à MKa les revenus et profits réalisés par cette société.

Il n'existe aucun rapport de liquidation de MCK, aucune décision d'attribution ou d'affectation finale du patrimoine, aucune déclaration fiscale de clôture.

De son côté, MKa n'a pas publié son patrimoine à la fin de son mandat public de gouverneur de la province du Katanga. On me dit encore : *« Non seulement il y est obligé, mais il l'avait promis. Entre sa fortune en début 2007 et ce qu'il a amassé à la fin de l'année 2015, il y a un océan incontestablement pollué »*.

Il n'y a pas non plus de traces de la Fondation bénéficiaire des 5 % dans Kinsevere ou des émeraudes de la Zambie.

Ainsi, MCK avait disparu corps, biens et âme…

On me dit : *« il ne s'agit pas d'une mort accidentelle, mais d'un acte volontaire. MKa a décidé cette disparition automatique, sans acte ni déclaration de liquidation, sans comptes de clôture. Sans payer d'impôts… »*

Je note « SANS PAYER D'IMPÔTS » : du pillage propre !

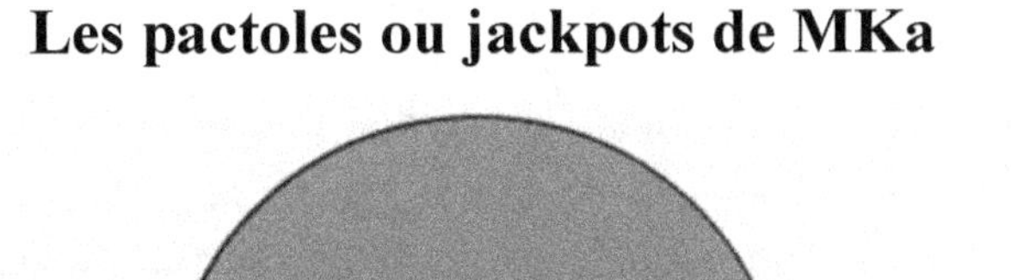

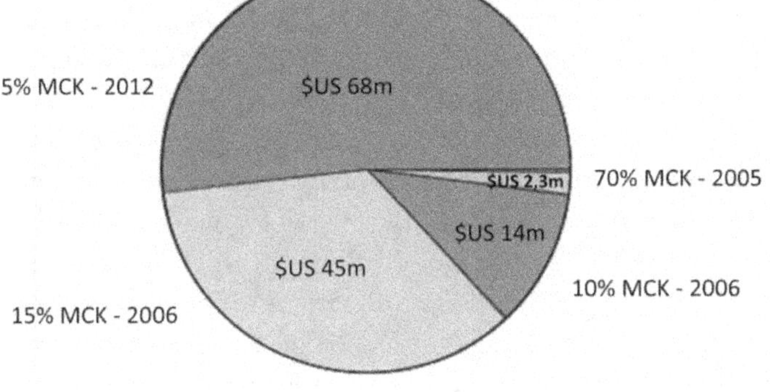

Les jackpots de MKa ont évolué en proportion inverse du nombre de parts de société vendues. 70 % ont donné $US 2,3M. 10 % ont généré $US 14M. 15 % ont rapporté $US 45m et 5 % environ $US 68M.

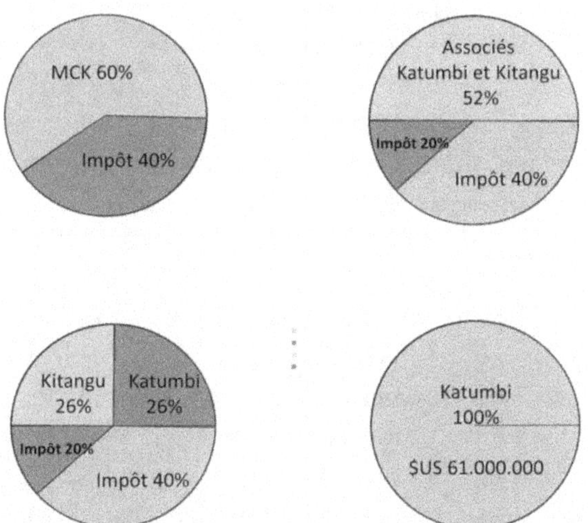

MKa reconnaît qu'il avait encaissé $US 61 millions. Mais cette somme revenait à la société MCK qui devait payer 40 % d'impôt. Ensuite, les 60% qui restaient devaient payer 20% si on les remettait aux actionnaires. Les enfants Katumbi et Kitangu devaient recueillir un net de 48% . MKa pouvait prendre 24 % seulement. Et non à 100 %.

LE ROI EST NU

Fin 2015, Necotrans avait racheté, non pas MCK, mais son clone : MCK TRUCKS SA. On le reconnaît à son siège social au 33e Poteau Route Kinsevere, Joli Site à Lubumbashi.

La vraie société avait pour associés des offshores : Virginika Mining SARL, Seven Seas Investments Limited, et Virginika International Limited. Ces actionnaires qui étaient des sociétés-écrans auront été remplacés par Astalia Investment Ltd appartenant pour 85% à Carine Katumbi et pour le restant, à Padang Trust Singapore Pte Ltd du sud-africain Kenneth McLeod qui avait créé MCK en 1997, avec le belge Léopold Chamberland.

On répétera ainsi les affabulations dont celle de la créationde MCK en 1997, alors que les documents montrent 2001.

Pour comble de montages, le prix de vente qui ressortira aurait été de $US 140 millions, dont $US 20, payés à MKa. Le solde devait suivre en trois années. Et ne suivra pas.

On me dira : *« Cela sentait la combine. Difficile de foire que l'investissement vanté, en 2007, d'US 130 millions ne valait plus que 140 millions dix années plus tard ! Même si MKa aurait ponctionné les caisses. Il n'y avait pas d'évaluation ni d'inventaires par « due diligence ». MKa délocalisait ses avoirs parcequ'il savait qu'il entrait dans une tempête politique tandis que Necotrans, jusque là un opérateur nain, voulait s'assurer les faveurs de ce futur président de la République pour dominer la logistique au Congo et se venger de Bolloré, selon les rumeurs… »*

L'affaire tournera mal. MKa se retrouvera en exil avec des élections et son couronnement, reportés. Necotrans fit, comme on dit, faillite. Par ironie du sort, Bolloré se portera acquéreuse d'une partie africaine de son concurrent ambitieux. La partie MCK Trucks sera rachetée pour seulement EURO 1 million, par Octavia, un offshore de Dubaï du négociateur de MKa, Pascal Beveraggi, un corse au profil ombrageux.

Les loups se mangent entre eux. Des procès auront lieu à Paris avec, en première ligne, MKa en personne au lieu de son épouse Carine. Comme quoi, après tant d'années d'efforts pour se dissimuler derrière des sociétés-écrans et des prête-noms, MKa montrera sa tête. Le roi MKa sera-t-il, enfin, nu ?

En 2018, on ne comprendra plus rien.

Le site du club de football TP Mazembe déroulera sur un bandeau publicitaire ses sponsors : Tenke Fungurume Mining, Brasimba, Adidas, Banque Commerciale du Congo, Brettons Goods et … MCK !

Image de saisie d'écran, juin 2018

L'aventure MCK se poursuivra sans doute, jusqu'en 2013, et même, au-delà. Cela, malgré les actes de suicide et de mort juridiques. Par malignité ou par bêtise. Ou par une irrésistible nature impulsive…: à piller propre !

ÉPILOGUE

Je constate que ce récit que j'ai publié en 2007 est une tragédie, parsemée d'intrigues, de fraudes, de pertes pour la Gécamines et la RDC, de morts et de disparitions de personnes et de sociétés.

Les Australiens de Anvil Mining qui avaient cher payé pour accéder aux mines congolaises ont plié bagages au bénéfice de Chinois. Ils laissent, sans sépulture, les massacrés de Kilwa.

AKM, autoproclamé Machiavel, pour déposséder le pays de ses richesses naturelles et arranger le mariage MKa-Anvil est mort lui aussi. Il a laissé des miliciens qui veulent le déterrer.
Ignace Kitangu, qui avait livré les joyaux miniers, s'était laissé supplanter et substituer par MKa. Il est décédé.

MCK, la société qui a véhiculé le projet Kinsevere et placé MKa sur l'orbite de l'enrichissement et de la politique a disparu aussi.

MKa est encore là.

Il poursuivait des manipulations de sociétés et même de passeports ; il s'est fait proclamer l'Africain de l'année 2015, l'opposant politique Nr 1 et candidat à la présidentielle.

Mais MKa a bénéficié dans sa vie privée et dans ses relations proches de *« plusieurs avertissements du Ciel »* comme on dit : de graves maladies, des accidents et des décès. Mais il aime jouer avec le spectre de la mort : il parle de complots, de sabotages de son avion, d'accidents commandités, de tentative d'empoisonnement.

On me dit : *« comme il en est chaque fois sauvé, il fait passer le message subliminal qu'il serait le sauveur »*.

Dans ce récit qui porte sur la seule entreprise MCK, il y a une accumulation non pas seulement d'habiletés et de magouilles pour amasser argent, pouvoirs et ascendances. Il y a aussi des maladresses qui dénudent le flanc et fragilisent.

L'Histoire, même contemporaine, fourmille d'exploits de jeunes loups qui ont perdu leurs dents ou l'ont cher payé.

Tels, dans le temps, Al Capone ou, récemment, l'Algérien Abdelmoumène Rafik Khalifa, le Chinois Chen Liangyu, le Russe Mikhaïl Borissovitch Khodorkovski ou le Thailandais Thaksin Shinawatra.

L'art de piller propre peut finir mal.

ANNEXES

2007 - Article de presse du 23 janvier

Pillage minier de la RDCongo : Moïse Katumbi empoche 61,3 millions de dollars sur les mines de la Gécamines au Katanga

Au moment où la question des contrats miniers commence à refaire surface, c'est fort curieusement que les bénéficiaires de ces mêmes conventions sont partis à la conquête du pouvoir politique. D'aucuns se demandent comment les pyromanes se feront pompiers. Comment étouffer le scandale désormais historique de descendants spirituels de Lumumba qui auront vendu le Pays et son patrimoine minier, gages de sa souveraineté et de son développement durable ?

L'opinion publique se réfère encore au Panel de l'ONU sur le pillage des ressources naturelles et à la Commission parlementaire Lutundula comme à des Bibles en la matière. Ces documents ont cependant pris de l'âge, car ils sont basés sur des situations antérieures à 2004. Nous sommes maintenant en 2007 ! Ces fameux rapports ne citent pas les contrats les plus importants, lesquels ont été conclus à la sauvette au cours de la dernière année de la Transition au détriment de la Miba et de la Gécamines à Kolwezi et à Tenke Fungurume. Même actuellement, le pillage continue. Il se fait même au grand jour et bénéficie publiquement des habits neufs de la Troisième République. Le cas du désormais richissime Moïse Katumbi Mwanke est d'école.

C'est en 2004 que les activités de cuivre et d'argent de la société australienne Anvil Mining Limited sont tombées sous les feux de l'actualité à la suite des massacres des populations et des crimes de guerre commis à Kilwa au Haut-Katanga. Moïse Katumbi Chapwe se présente, alors, comme le défenseur de Anvil avec laquelle il a des relations commerciales pour l'exploitation minière. La complicité d'affaires amène Katumbi à financer une manifestation politique contre la société civile qui dénonce les massacres, mais qui est accusée de décourager les investisseurs au Katanga. Cette affaire de Kilwa met en lumière le fait que le réseau d'élites, dénoncé par le Panel de l'ONU, a bel et bien survécu au pillage de guerre.

En 2005, Anvil Mining acquiert la mine de Kulu en partenariat avec la Gécamines à Kolwezi. L'Australien a racheté les droits d'un précédent partenaire, la société portugaise Demoura. Mais une dispute surgit avec un autre acquéreur, l'indien Chemaf. Ils vont au tribunal. Moïse Katumbi Chapwe intervient pour arbitrer le litige. À ses côtés officie le pasteur Ngoy Mulunda, le guide spirituel de Joseph Kabila. Les intérêts miniers et politiques sont désormais exhibés au grand jour. Plus tard, en 2006, Moïse Katumbi battra campagne pour Kabila. En retour, le pasteur Mulunda rapportera que Joseph Kabila avait endossé la candidature unique de Moïse Katumbi comme gouverneur de la province du Katanga. Des millions de dollars américains sont dépensés dans des actions de corruption tous azimuts et de démagogie à grande échelle. D'où est venu tout cet argent ?

Katumbi est avant tout le petit frère de Katebe Katoto, un véritable affairiste qui vit en Belgique et a été membre du RCD Goma. Katebe a soutenu Jean-Pierre Mbemba contrairement à son frère, qui a géré ses affaires. On ne connaît pas à Katumbi de véritable fortune personnelle justifiant les dépenses ostentatoires et soutenues pendant plusieurs mois de campagne électorale. On peut se demander à bon droit d'où provient l'argent de Moïse Katumbi. Dans un premier temps, Katumbi crée la société MCK (Mining Company Katanga) dont le directeur général est Ignace Kitangu Mazemba, un ancien dirigeant de la Gécamines. Les bonnes relations au sein de la société et la bénédiction des autorités font que la nouvelle société obtient facilement trois importants gisements miniers de l'État à Kinsevere, Tshilufia et Nambulwa, dans le Nord Est de la ville de Lubumbashi. Ces mines ont une valeur marchande de plusieurs milliards de dollars. Mais le dossier suit le schéma de pillage désormais classique. Katumbi obtient tout gratuitement en ne payant rien de sa poche. Mais on lui accorde un partenariat de 20 % pour la Gécamines et 80 % pour MCK. Par la suite, la Gécamines concède à MCK un contrat d'amodiation (location) de 25 ans et elle est retirée du projet. MCK, qui n'a aucun passé minier, peut désormais se présenter comme "opérateur minier dans l'exploitation des mines de cuivre et de cobalt".

Dans un deuxième temps, Moïse Katumbi revend 70 % de l'exploitation à Anvil Mining. L'association MCK-Anvil est dénommée AMCK. Anvil paie à Katumbi $2,3 millions. De cette somme, 1 million devraient revenir à la Gécamines en 3 tranches : $800.000 à la ratification du contrat d'amodiation par le Gouvernement, $100.000 à la remise des gisements et $100.000 quatre mois après le début des opérations. Pendant le restant des 25 années de location, la Gécamines percevra des royalties de 1,75 %, variant entre $35 et $70 par tonne de Cuivre. On retrouve les caractéristiques des contrats léonins. La Gécamines est minorisée à l'extrême. Elle passe tour à tour de 100 % de la propriété des gisements à 20 % du capital, pour finir avec une promesse de revenus de seulement 1,75 %. De plus, la Gécamines ne touchera rien au-delà, si le prix du cuivre dépasse les $4.000 la tonne. Et cela a été convenu au moment où la tonne de cuivre atteignait des sommets de $8.000. Enfin, la Gécamines se contente d'un paiement de 1 million de dollars, alors que, proportionnellement, Anvil obtient $5,4 millions des avoirs du projet et Katumbi, 1,3 million de dollars. Ce montant finance la campagne pour les élections législatives de juillet 2006. Katumbi devient le recordman des voix récoltées par les députés nationaux.

Dans un troisième stade, Anvil rachète 10 % à Katumbi. Le 31 juillet 2006, les parts de l'Australien passent de 70 % à 80 %. Katumbi reçoit la somme de $14 millions, répartis en $10 millions en cash et $4 millions en titres boursiers. On est au lendemain du premier scrutin. Ce pactole est injecté dans la campagne électorale pour le second tour des présidentielles et les élections provinciales. Les dépenses électorales prennent l'ascenseur. Katumbi arrose le Katanga, les Kivu, les Kasaï et Kisangani. Il acquiert des immeubles et des engins miniers. Moïse est désormais le Messie, le Sauveur. Kabila gagne les présidentielles. À ce stade, les gisements de l'État ont rapporté à Katumbi $15,3 millions, mais la Gécamines n'a encaissé que $1 million.

Le quatrième épisode a lieu en janvier 2007. Voici un mois que Kabila a prêté serment et annoncé la fin de la recréation. Moïse Katumbi s'offre des vols internationaux en jet privé. L'AMP lui réserve le gouvernorat du Katanga. Le 9 janvier, Anvil Mining annonce que les réserves minérales de la seule mine de Kinsevere sont augmentées de 450 % et que la mine totalise désormais 1,6 million de tonnes de cuivre exploitables. Ces réserves sont immédiatement comptabilisées comme augmentation de la valeur de AMCK. Le lendemain, Anvil acquiert 15 % des parts de Katumbi, et l'Australien passe désormais à 95 % dans le projet AMCK. Les 15 % sont payés à Katumbi pour $45 millions (dont 36 millions en cash et 9 millions en titres boursiers). En quelques mois, Moïse Katumbi a gagné $61,3 millions. La Gécamines et l'État propriétaire des gisements n'ont eu droit qu'à $ 1 million.

Toutes ces informations proviennent de communiqués boursiers. On ne peut pas dire que les parrains politiques de Moïse Katumbi Chapwe, qui les a si bien servis, ne sont pas au courant. Il reste que des gens qui arrangent un détournement du patrimoine de l'État pour organiser leur accession au pouvoir ont bel et bien bénéficié de financements de campagne au moyen de biens de l'État.

Nestor Kisenga

2007 - Article de presse du 25 janvier

Voici les preuves des $ 61,3 millions de M. Katumbi.

« Pillage minier au grand jour : Moïse Katumbi empoche $ 61,3 millions de la Gécamines et s'en va à la conquête du pouvoir politique ». Cet article a bouleversé plus d'un. Il est même de nature à bouleverser le paysage politico-économique.

En effet, rien ne peut blesser autant que la vérité. De plus, la mise à nu des affairismes des chouchous de l'actualité politique est réellement douloureuse pour tous ceux nombreux qui ont misé sur la dynamique électorale, la transparence, la bonne gouvernance, et l'émergence d'une nouvelle classe politique. Tous misent sur la trop fameuse fin de la récréation et les intentions de combattre la corruption et de mettre fin au pillage.

La culture de la rumeur fait que, pour plusieurs, l'information est tellement énorme qu'ils l'attribueraient à une entreprise politique d'intoxication. La vérité devrait être rejetée. Cependant, l'auteur, Nestor KISENGA avait bien souligné en conclusion que « toutes ces informations proviennent de communiqués boursiers ». En effet, toutes les transactions des entreprises cotées en Bourse doivent faire l'objet de communiqués détaillés. C'est la règle absolue pour protéger les petits épargnants. Il en résulte une certaine transparence qui met au grand jour ce qui se décide dans les alcôves du pouvoir au Congo et les gains financiers réalisés au-dehors. Cette structure est une véritable chance pour les Congolais qui sont autant de petits actionnaires du patrimoine minier national et qui peuvent, par la magie de l'Internet, accéder au cœur des affaires et en apprendre un peu. La vérification peut être faite, ainsi. La démocratie populaire peut s'exercer. Anvil Mining Limited qui a traité avec Katumbi est une société australienne, basée à Perth. Elle est cotée sous le sigle boursier de AVM à la bourse australienne (ASX) et à celle de Toronto (TSX) au Canada. De plus, la société dispose d'un site public http ://www.anvil.com.au/index.shtml. La société se vante de « *Building on success in the Democratic Republic of Congo* » (réussir les affaires en RDC). Le site comporte un onglet qui permet d'accéder aux trois gisements miniers en exploitation au Katanga (Dikulushi, Mutoshi/Kulu et Kinsevere).

Moïse Katumbi Mwanke est impliqué dans la saga de la mine de la Gécamines située sur la montagne de Kinsevere dans le Nord de Lubumbashi. L'historique complet de cette mine est sur www.anvil.com.au/prj_kinsevere.shtml

Moïse Katumbi est identifiable sous le couvert de son entreprise personnelle, la MCK (Mining Company Katanga). On y apprend tous les détails de la location (amodiation) obtenue de la Gécamines, et de la création de la joint-venture Anvil/MCK sous le nom de AMCK sprl. La rubrique « news » affiche les communiqués qui détaillent les trois paiements encaissés par MCK/ Moïse Katumbi. Voici ces paiements : D'abord, $ 2,3 millions suivant le communiqué " *Anvil Finalises Kinsevere… Copper-Cobalt Project* " sur www.anvil.com.au/PDF/2005%20Nov%2030%20Kinsevere%20Resource%20Statement.pdf

Ensuite, $ 14 millions le 11 septembre 2006 suivant le communiqué "*Acquisition of Additional 10 % of Kinsevere Joint Venture Completed* ". Enfin, $ 45 millions le 10 janvier 2007 dans le communiqué " *Anvil to acquire additional 15 % interest in Kinsevere JV.*

En résumé de toute cette affaire, l'investissement politique avec des politiciens haut placés et influents dans les décisions de la Gécamines a fait remettre 1.600.000 tonnes de cuivre gratuitement à MCK/Katumbi avec pour but ou résultat que Moise Katumbi a bel et bien encaissé 61,3 millions de dollars. Certains appelleraient cela de l'escroquerie. Pieusement, de l'enrichissement sans cause. Ou tout simplement du pillage.

La morale de cette histoire est qu'il est utile de prendre et de vérifier les informations des places boursières et de les confronter avec les dires et les agissements des gouvernants. Dès lors, chacun peut se livrer à des analyses et se faire une opinion.

Nestor Kisenga

2007 - Article de presse du 6 février

L'art de piller propre : Moïse Katumbi a opéré sous le couvert de Champion, son fils mineur !

Katanga News a eu le privilège de poser deux questions directes à Moïse Katumbi sur l'affaire des 61,3 millions de dollars de la mine de Kinsevere. Les réponses du nouveau gouverneur du Katanga confirment, malheureusement, les accusations de pillage.

L'affaire du pillage minier tant décrié, en dépit des belles promesses de fin de récréation et de la bonne gouvernance consiste dans un fort déséquilibre dans les avantages découlant de l'attribution et l'exploitation des ressources naturelles non renouvelables. La culpabilité est plus grande de la part des personnages publics. C'est tout l'intérêt de l'affaire Moïse Katumbi Chapwe, le proposé leader politique Katanga. L'intéressé clame la transparence. Dans une interview à Katanga News, il affirme : « j'ai fait un investissement de près de 130 millions de dollars. Et ça, personne n'en parle parce que je suis un Congolais ». Un peu comme si l'origine de ces 130 millions ne devrait pas être retracée. Il afflue au Congo des fonds de blanchiment d'argent. De même, le Fisc a un droit de regard sur toutes ces opérations. On eût préféré que Katumbi exhibe sa feuille d'impôts et ses déclarations de douanes à l'OFIDA.

Beaucoup se sont demandé d'où était venu tout l'argent dont Moïse Katumbi avait subitement disposé pour ses libéralités illimitées à l'occasion des campagnes électorales, nationales et provinciales. Il a récidivé jusqu'au jour de son élection comme gouverneur de la province du Katanga, en exhibant, pour l'occasion, des limousines Mercedes, transportées spécialement par avion. Rien de moins que cela, dans un pays qui croule sous la misère. On sait maintenant que l'origine d'une partie de cette fortune soudaine provient du gisement de 1,6 million de tonnes de cuivre de Kinsevere, à 27 KM au nord de Lubumbashi. C'est la société Anvil Mining Limited qui a apporté des preuves irréfutables des tractations financières en déclarant trois paiements qui ont totalisé 61,3 millions de dollars américains au profit de la société MCK de Katumbi. Si l'on considère que la Gécamines, propriétaire de la mine, n'a touché qu'un million de dollars, alors que la vente de 15 % du capital a rapporté 45 millions de dollars américains, la valeur commerciale de Kinsevere représente une capitalisation de référence de 300 millions de dollars. Ceci signifie que la plus-value du patrimoine national qui a été détournée est de 30.000 %. De tels écarts élevés et anormaux servent à caractériser le pillage.

Au Katanga, Katumbi n'a jamais eu de bonne réputation en affaires. Pour témoin, cette interpellation de son actuel allié politique de l'AMP, Gabriel Kyungu, rapportée par Katanga News, en septembre 2006 et qui s'en prenait au nouveau gouverneur élu. « JUNAFEC/Katanga se souvient toujours que dans tes recherches effrénées du gain pour le gain, tu as amassé une fortune en faisant le trafic d'armes avec l'Unita lesquelles ont également servi pour tuer nos compatriotes lors de la guerre d'agression Ougandorwandaise ayant entraîné plus de quatre millions de morts. Aussi la JUNAFEC/Katanga ne peut pas oublier ta participation active au pillage de richesses minières à Kilwa plus précisément à Dikulushi ayant pour conséquence politique le refus de nos frères de Pweto de voter pour le Chef de l'État alors que ce dernier n'y est pour rien dans ton entreprise mafieuse. La Jeunesse katangaise dénonce ta présence dans plus de trois sociétés minières de Kolwezi. Étant plongé jusqu'au cou dans l'entreprise de pillage des ressources minières du Katanga ; quelle leçon veux-tu donner… ? »

Interrogé par Katanga News, Moïse Katumbi s'explique. « Les gisements de Kinsevere appartiennent à la Gécamines. Allez vérifier au cadastre minier. Les 61 millions de dollars viennent du partenariat MCK et Anvil Mining. Anvil Mining est en contrat d'amodiation avec la Gécamines. J'ai vendu mes actions à Anvil Mining. Il n'y a jamais eu de partenariat GCM-MCK ». Au-delà des jeux de mots, l'homme d'affaires confirme tous les éléments du scandale. Il est vrai que la Gécamines détient toujours le titre sur la mine de Kinsevere, comme tout propriétaire qui a mis son bien en location (dite amodiation). Mais dans cette opération de location est de 25 ans, et la Gécamines récupérera une mine totalement épuisée. Il n'y a pas de partenariat ? Mais c'est Katumbi qui a négocié et enlevé la mine à la Gécamines, au nom de sa société MCK. Il a ensuite apporté la mine à AMCK SPRL qui a été créée spécialement entre MCK (30 %) et Anvil Mining Investments (70 %). Par la suite, Katumbi a vendu en septembre 2006 10 % des actions de MCK, puis de 15 % en janvier 2007. Actuellement MCK détient encore 5 % dans AMCK SPRL, tandis que Katumbi a reçu en plus de gros paiements en argent, des titres de Anvil Mining Limited, négociables sur la place boursière de Toronto au Canada. Tout cet argent encaissé par Katumbi ne provient pas d'opérations commerciales ou industrielles, mais directement de la valorisation du gisement minier, qui est propriété de l'État via la Gécamines. Il n'a jamais mis le moindre sou, et il emporte la cagnotte. Cette figure est caractéristique du pillage.

Katumbi a également déclaré à Katanga News qu'il n'a pas d'investissements dans les mines, mais uniquement dans des engins miniers de terrassement et de transport. Ceci veut dire que lorsqu'il a négocié avec la Gécamines, il a trompé, car il savait très bien que ce n'était pas pour exploiter Kinsevere, mais pour spéculer et brader les ressources naturelles, et empocher l'argent. Cette opération a été préparée dans les structures mêmes de MCK (Mining Company Katanga) afin d'échapper aux enquêtes et aux poursuites ultérieures. On trouve ici tous les ingrédients d'une opération maffieuse. D'abord, MCK pèse un capital de 2 millions de francs seulement, soit un peu moins de 3.750 dollars... Ceci est à comparer avec l'investissement prétendu de 130 millions de dollars. Ensuite, la société MCK avait été créée par Messieurs Léopold Chamberland et Kenneth Macleod. En 2004, le capital est passé subitement pour moitié à Champion Katumbi, enfant mineur représenté par son père Moïse Katumbi. L'autre moitié est allée à Mazemba Kitangu, également enfant mineur représenté par son père Ignace Kitangu, ancien ADG de la Gécamines. Officiellement, c'est Ignace Kitangu qui gère MCK. Moïse Katumbi n'est même pas un associé passif dans la société. MCK est officiellement la propriété de deux enfants mineurs ! Les parents signent au nom des enfants, et ils n'engagent jamais leurs responsabilités personnelles. D'où la prétention de Moïse Katumbi qu'il est Monsieur Propre. Les 61,3 millions ? C'est la faute à l'enfant mineur : Champion Katumbi !

Nestor Kisenga

2007 – AVIS DE SUSPENSION DE LA PART DES ANALYSTES et INVESTIGATEURS MINIERS

De commun accord, notre groupe d'experts (Jules Kongolo n'étant plus) comprenant Hilaire Kashala, Nestor Kisenga, Philippe Mutamba, Victor Ngoy, Valérien Ngoy et Jean Kyalwe, nous avions renoncé à diffuser nos analyses sur la question minière. L'Israélien Dan Gertler nous avait menacés, ainsi que les sites qui nous diffusaient, alors que les faits et toutes les sources étaient exacts. En particulier, un magazine avait estimé sa fortune personnelle à 500 millions de dollars, mais dans sa réplique Gertler avait avoué qu'il ne pesait que 250 millions, ce qui reste excessif et qui provient essentiellement de ses affaires et affinités congolaises qui lui ont servi de tremplin. Nous avions décidé d'ignorer Gertler, jusqu'au jour où l'Israélien avait loué un bandeau publicitaire sur un des sites qui nous diffusaient. On a décidé d'arrêter. Car l'essentiel avait été fait : nous avions montré que l'accès à l'Internet et aux dépêches boursières sont des outils indispensables. Malheureusement, il ne se trouve toujours pas de journaux ou sites congolais qui suivent cette actualité. Le sujet n'intéresse pas davantage la presse francophone internationale.(COMMUNIQUÉ).

2006 – nomination au PRIX LORENZO NATALI

J'avais reçu deux courriels de l'Union Européenne :

« Cher Journaliste, Votre article «Des milliards de boni pour le quatrième pillage» dans le «Congolite», paru le « 23 Novembre 2006 » a été sélectionné au concours Prix Lorenzo Natali 2006 de la Commission européenne-DG Développement . En attendant votre accord de participation, votre numéro provisoire d'attribution au concours est le PLN06M-6218. Cordialement, Marie BERNARD ».

Mais j'avais décliné à cause de cette investigation sur MKa, dont l'article de 2007 a donné le titre et le contenu de cet ouvrage.

Nestor Kisenga

REMERCIEMENTS

Ce récit aurait été impossible à réaliser sans les notes accumulées sur une dizaine d'années, sans les témoignages, déclarations et analyses dignes d'intérêt ainsi que les documents de très nombreuses personnes.

J'aurais pu les citer, sauf lorsqu'elles avaient demandé de garder l'anonymat. En effet, ces dernières années ont démontré la recherche de la pensée unique par MKa qui se traduit par un règne de la terreur : soit il pourchasse et harcèle les analystes et les témoins de la vérité, soit il recourt à la corruption et au rachat du silence ou de louanges. Sans oublier les bataillons de miliciens fanatiques, de véritables djihadistes prêts à venger toute atteinte à leur dieu.

La recherche et le partage de la vérité ne sont pas une guerre, et les informateurs ont droit, moins à un salaire ou à des honneurs, mais à vivre paisiblement.

Dans ce contexte, j'ai décidé de sauvegarder l'anonymat de tous. Chacun d'eux se reconnaîtra.

Après tout, les documents parlent d'eux-mêmes, avec l'éclairage des analyses et des opinions récoltées.

Je remercie aussi toutes les personnes que j'ai rencontrées sur les autoroutes de l'information, pour la réalisation technique de cet ouvrage.

Ce livre est dédié aux victimes du massacre de Kilwa,
*mortes ou meurtries
sur la route des caravanes des esclaves du XIXe siècle,
et sacrifiées en 2004
par les nouveaux riches des ressources minières,
par leurs propres frères de clan et de tribu,
par ces nouveaux esclavagistes du XXIe siècle !*